IMPORTANT
PERSPECTIVES ON
ENGLISH TRANSLATION
EXPLORATION

英语翻译探索的重要视角

翻译教学和文化翻译

吕千平／著

TRANSLATION TEACHING AND
CULTURAL TRANSLATION

经济管理出版社
ECONOMY & MANAGEMENT PUBLISHING HOUSE

图书在版编目（CIP）数据

英语翻译探索的重要视角 ：翻译教学和文化翻译 / 吕千平著. -- 北京 ：经济管理出版社，2025. 5.

ISBN 978-7-5243-0307-7

Ⅰ. H315.9

中国国家版本馆 CIP 数据核字第 2025PQ5966 号

组稿编辑：张馨予
责任编辑：张馨予
责任印制：许　艳
责任校对：陈　颖

出版发行：经济管理出版社
（北京市海淀区北蜂窝 8 号中雅大厦 A 座 11 层　100038）
网　　址：www. E-mp. com. cn
电　　话：（010）51915602
印　　刷：唐山玺诚印务有限公司
经　　销：新华书店
开　　本：720mm×1000mm/16
印　　张：8
字　　数：107 千字
版　　次：2025 年 5 月第 1 版　　2025 年 5 月第 1 次印刷
书　　号：ISBN 978-7-5243-0307-7
定　　价：98.00 元

前言

英语翻译的重要性不言而喻，它在全球化的世界中扮演着至关重要的角色。随着国际交流的日益频繁，英语作为一种全球通用语言，在促进全球沟通、知识传播、经济发展和文化多样性方面都发挥着关键作用。总之，随着全球化进程的不断深入，英语翻译的重要性将越发凸显，成为连接世界的纽带。

英语翻译教学是一个多维度、跨学科的领域，它不仅涉及语言技能的传授，还包括文化理解、交际能力、批判性思维和专业技能的培养等。英语翻译教学的核心目标是培养学生的语言转换能力，即能够准确、流畅地将英语与母语或其他语言之间进行互译。这就要求学生不仅要有扎实的双语基础，还要掌握翻译的基本原则和技巧。同时，英语翻译教学强调文化理解的重要性。由于语言是文化的载体，在英语翻译过程中，不可避免地会涉及文化差异的处理。因此，在英语教学中，需要融入跨文化交际的内容，帮助学生理解不同文化背景下的语言表达和交际习惯，培养学生的文化适应性和敏感性。此外，英语翻译教学还应充分利用现代教育技术和资源。多媒体教学、在线翻译平台、语料库和电子书籍等工具和资源，既可以为学生提供更加丰富和便捷的学习体验，也可以为教师的教学工作带来更多可能性。通过英语翻译教学，学生能够成为既具备高水平英语翻译能力，又具有国际视野和跨文化交际能力的复合型人才。

事实上，英语翻译教学和文化之间的联系十分紧密。英语文化翻译是一项既复杂又精细的工作，它不仅要求译者具备高超的语言技能，还要求译者对源语言和目的语背后的文化有深刻的理解。英语文化翻译的核心在于传递文化意义，而不仅是语言文字的转换。译者在翻译过程中需要识别这些文化特定元素，并找到恰当的策略来处理它们，以确保目标语言读者能够理解并感受到原文的文化韵味。可见，英语文化翻译是一项充满挑战的工作。它要求译者在语言技能和文化理解之间找到平衡，同时需要不断地学习和适应。通过有效的文化翻译，可以促进不同文化之间的交流和理解，为全球化的世界增添多样性和丰富性。当前，市场中已出现若干有关英语翻译教学和英语文化翻译的著作。例如，《英语翻译探索的重要视角——翻译教学和文化翻译》从更加系统、全面的角度，对英语翻译教学和英语文化翻译的相关内容展开了分析。

本书探究了英语翻译教学和文化翻译，分析了英语翻译教学的相关内容，包含英语翻译教学的基础知识以及英语翻译教学的问题与优化对策；论述了跨文化视角下英语专业的翻译实践，包括跨文化视角下英汉词汇翻译、句式翻译以及语篇翻译；阐述了文化差异与英语翻译教学的相关理论，并进一步探讨了英汉动植物文化对比与翻译，英汉人名、地名文化对比与翻译，英汉节日文化与饮食文化对比与翻译，让读者对中西方文化差异和英汉翻译有更加深入的了解。

本书以英语翻译教学和英语文化翻译为主题，分析和论述了当前相关领域的研究成果。在本书的写作过程中，得到了相关领导以及朋友的支持与帮助，在此表示衷心感谢。由于时间仓促和主客观因素的影响，本书可能还存在不足之处，恳请相关领域的专家、同行以及广大读者批评指正。

目　录

第一章　英语翻译教学概述

英语翻译教学能够促进跨文化理解与交流，提升学生语言技能，培养学生批判性思维，为职业发展提供更多选择，在学术研究中发挥着重要作用。本章首先分析英语翻译的相关基础性理论知识，其次进一步探讨英语翻译教学的基础知识，最后详细地研究英语翻译教学的问题与优化对策等相关内容。

第一节　英语翻译探索

一、翻译基础

（一）翻译的概念

何为翻译？对于这个问题，古今中外的回答可谓众说纷纭。一方面，这是因为翻译本身具有多面性；另一方面，则是源于人们对翻译的认知各不相同[①]。中外学者为翻译下过诸多定义，表述有简有繁。其中，最著名、对翻译界影响最大的就是美国翻译家尤金·A. 奈达（Eugene A. Nida）给出的定义：所谓翻译，是指在译语中用最贴近且自然的对等语再现原语的信息。这一过程首先体现在语义层面，其次体现在文体层面。

国内有关翻译的论著，大多将翻译定义为一种语言实践活动，即用一种语言准确再现另一种语言形式中的内容，也就是在保持一种语言产物所包含的内容信息不变的情况下，将其转变为另一种语言产物的过程。从本质上讲，翻译是一种语言转换活动，是人类交流思想过程中沟通不同语言的桥梁。它让通晓不同语言的人能借助原文的重新表达来进行思想交流，使译文读者能够领会原作者表达的思想，获得与原文读者大致相同的感受。

翻译既是一种语言活动，也是一种思维活动，是同时运用两种语言来表达思想内容的活动。它涉及不同的语言、文化、风俗习惯，以及不同的思维方式等问题，是一种由此语到彼语的逻辑思维过程，这个过程分为三步：第一，分析。对原文的表层结构，即原文的信息进行分析。第二，转换。译者将经过分析的信息从原语转换为译语。第三，重构。把传递过来的信息重新组织，最终使其完全符合译语的要求。然而，这个过程必须置于交流的环境之中，其本身存在相应的理论、方法和技巧。翻译是用完全不同于原文形式的译文来传达原文信息，必须尽可能做到准确无误。

概括地说，翻译是一门正处于探索中的科学。称其为科学，是由于它具备自身内在的科学规律。翻译具有描写性，可以像描写语言那样对其程序和方法展开客观、科学的描写，使之公式化。翻译更是一门艺术，是对语言艺术的再创造。它再现原作内容的过程，本身就是一种再创造的过程。在此过程中，译者需在甘受原作局限，忠于原作意图的前提下，运用译语

① 吴冰．翻译学导论［M］．合肥：中国科学技术大学出版社，2022.

的语言美学知识来重新塑造原文中已有的形象。倘若将写作比作自由舞蹈，那么翻译就是戴着手铐脚镣跳舞，且要跳出优美之态。这是因为原著创作不受语言形式的限制，而翻译不仅要考虑对原文忠实，还要按照译文的语言规则来表达原文的思想。从这个意义上讲，翻译并不比创作轻松，有时甚至难度更大。难度越大，其艺术性也就越高。翻译是一门永无止境的艺术，它所蕴含的艺术美已经远远超出了语言的范畴。翻译还可看作一门技能，原因在于就其具体操作过程而言，始终离不开方法和技巧。然而，从整体来看，翻译是一门综合性学科，它融合了语言学、文学、社会学、教育学、心理学、人类学、信息科学等诸多学科的特点，在长期的社会实践中已形成一套抽象的理论、原则和具体方法，构建起独立的体系。并且，在大部分的语言材料中，这些方法正逐渐被模式化。可以肯定的是，随着时代的进步和科学的发展，翻译这门综合性学科必将在理论和实践等方面变得更加完善。

（二）翻译的性质

1. 翻译的个体性

翻译活动都有人的参与，尤其是由译者亲自进行的翻译，而非机器翻译，不可避免地会带有译者的个人色彩。这与每位译者自身的教育背景、世界观、价值观以及家庭和社会影响息息相关。人们在英语原文的理解、汉语的表达能力和文化修养方面均存在差异，译文也就体现出译者的不同素质和特点。

2. 翻译的社会性

翻译是跨文化、跨语言且具有明确目的的人类社会行为与活动。由于不同的社会因素、社会需求和社会作用，产生了多种不同类型的翻译。翻译的社会性体现在不同历史时期的民族文化心理对翻译的影响、社会的精神需求以及社会对翻译的接受程度等方面。换言之，翻译绝不可能孤立于社会而独立存在。翻译作为一种社会现象而产生，又反过来推动着社会文化的发展，贯穿于社会发展的全过程。

3. 翻译的艺术性

翻译的艺术性在于，无论何种文体，如诗歌戏剧、散文经书、法律文件等，翻译都离不开斟词酌句、调整句式和润泽译文等文学加工。翻译艺术的依附性则在于翻译不能脱离原文而存在。翻译并非创作，不能任由译者随心所欲地书写，翻译会受到原文的文体风格、文化差异、语言差异等多方面的限制。

4. 翻译的变通性

变通性则是指译文若要契合本国读者的审美情趣、文化传统和语言习惯，就需要对原文的艺术美加以改造，在不失原文精髓的前提下，让本国读者欣然接受。

5. 翻译的创造性

一直以来，译者的创造性都被蒙上了一层神秘的面纱，被认为是一种“神来之笔”或是一种“直觉”[①]。翻译的创造性主要指译者的主观能动性。译者在进行翻译时会受到诸多限制，无法脱离原文、不能仅凭个人喜好随意发挥。然而，从遣词造句的角度来看，译者又具备一定的自由度。在这一限度内，译者的创造性可以体现在文化移植、形象再现、语言形式传达、新译名设立等多个方面。

6. 翻译的多样性

翻译的多样性体现在译文的各个层面，从字词的选择，到句式的调整，再到段落篇章的润色，都能展现出译者的功底。翻译的多样性指同一种意

① 解碧琰，谭业升．翻译认知过程研究［M］. 北京：外语教学与研究出版社，2020.

思存在多种表达方法，即翻译中常提及的“意一言多”。在不违背原文意思的情况下，同一个英语单词可用多个汉语词汇来翻译，这能让译文更加生动，但也要求译者对原文有精准的把握，且中文涵养需达到一定水平。

7. 翻译的科学性

翻译的科学性的基础是“人同此心，心同此理”，即在地球生态环境大统一的背景下，人类的思维框架和意识形态基本一致。人类语言具有“同质性”，即语言之间存在对应关系，如“door”对应“门”等。然而，英汉两种语言存在许多无法一一对应的情形，但从广义来讲，语言之间的同质性与对应关系依然是翻译的科学性所在。

（三）翻译的分类

翻译活动依据不同的划分标准和原则，可被分为多种类型。

翻译可以根据源语言和目标语言的不同，被划分为三种类型：语内翻译，即在同一语言内部进行意义转换；语际翻译，涉及不同语言之间的信息传递；符际翻译，涉及不同符号系统之间的转换。

在翻译实践方法方面，可将其归类为四种主要形式：口译，即通过口头交流进行的实时翻译；笔译，涉及书面材料的翻译；机器翻译，利用计算机程序自动转换语言；网络翻译，指通过互联网平台开展的翻译活动。

就翻译材料的文体而言，翻译可分为新闻文体、科技文体、应用文体、文学文体和论述文体。新闻文体包括新闻报道、新闻评论等。科技文体包括科学著作、实验报告、情报资料、设备和产品说明等。应用文体包括广告、启事、通知、契约、合同、公函等。文学文体包括小说、散文、诗歌、戏剧等。论述文体包括社会科学著作、政治文献、演说报告等。

就翻译活动的处理方式而言，翻译可分为全译、节译、摘译、编译。全译是将原文完整照译，译者不得随意增删或自行改动，不过必要时可加注说明或加序评论。节译是根据原文内容，将原文全部或部分进行节缩后译出，且应保持原作内容相对完整。摘译是译者根据实际需要，摘取原文的核心内容或个别章节进行翻译，内容通常为原作的关键部分或内容概要。编译是译者在译出原文的基础上，以译文为素材进行编辑加工。

二、英语翻译的定义和技巧

（一）英语翻译的定义

英语翻译是指将英语文本从其原始语境中提取出来，并将其转换成另一种语言文本的过程。这个过程不仅是简单的语言转换，还涉及对原文的深入理解，包括其文化背景、语境意义、风格特点以及作者的意图。译者需要具备高超的语言技能，包括对英语的精确掌握和对目标语言的熟练运用，以确保翻译的准确性和自然性。

在进行英语翻译时，译者必须考虑到两种语言在语法结构、词汇和表达习惯上的差异，以及这些差异对信息传递和读者理解产生的影响。译者的任务是尽可能地保留原文的语义、情感和文体，同时使翻译文本在目标语言中读起来流畅、自然，易于理解。此外，英语翻译还要求译者对文化差异有敏锐的感知，能够识别并妥善处理文化特定元素，避免出现文化误解和翻译错误。译者需要在忠实原文和适应目标文化之间寻求平衡，有时需要创造性地调整或解释原文内容，以确保翻译文本在目标文化中能达成恰当的效果。

英语翻译不仅仅是语言的转换，更是一种跨文化的交流形式，要求译者具备跨文化交际能力。译者在翻译过程中扮演着文化中介的角色，帮助拥有不同语言和文化背景的人进行有效的沟通和理解。随着技术的发展，现代英语翻译越来越依赖翻译工具和辅助技术，如计算机辅助翻译软件、翻译记忆库和自动翻译服务。这些工具可以帮助译者提高工作效率，同时也要求译者具备相应的技术知识和操作技能。

综上所述，英语翻译是一项复杂的任务，它要求译者具备深厚的语言功底、广泛的文化知识、敏锐的语境意识和熟练的技术应用能力。通过高质量的英语翻译，可以促进不同语言和文化间的交流与合作，增进彼此的理解与尊重。

（二）英语翻译的技巧

1. 直译与意译

直译和意译都是有效的翻译手段，需视具体情况决定采取哪种[①]。直译和意译是英语翻译中的两种核心策略，它们服务于不同的翻译目标和文本类型。直译，即直接翻译，强调对原文词汇和句子结构的忠实再现，在处理法律文件、科学论文、技术手册等这类需要精确传递信息的文档时，这种方法就显得尤为重要。在这些领域，术语的准确性、定义的明确性和逻辑的严密性至关重要，直译有助于保持原文的精确性和客观性，确保专业术语和关键概念不被曲解。相对而言，意译，即自由翻译，更注重传达原文的内涵、情感和语境，而不是字面上的直接对应。这种方法在翻译文学作品、广告文案、演讲稿等需要传达情感和文化色彩的文本时尤为有效。文学作品往往富含象征、隐喻和文化等特定元素，意译允许译者在忠实原文情感和风格的同时，对语言进行适当调整，以适应目标语言的文化背景，满足读者的期待。

在实际翻译过程中，译者往往需要根据文本性质和翻译目的，在直译和意译之间灵活抉择。有时，甚至是在同一个文本中，也可能同时运用直

① 李长栓．非文学翻译理论与实践：理解、表达、变通（上下册）［M］．北京：中译出版社，2022.

译和意译的技巧。例如，在翻译一篇科学论文时，可能需要直译描述实验方法和结果的部分，以确保信息的准确传递；而在翻译论文的引言和结论部分时，则可能需要采用意译，以更好地传达作者的观点和论文的深层意义。此外，译者在做出选择时，还需要考虑目标语言读者的预期和反应。在某些情况下，为了使翻译文本更加流畅和自然，译者可能需要在直译的基础上做出适当调整；或者在意译的过程中添加一些注释与解释，以帮助读者更好地理解原文的意图和背景。

2. 增译与减译

增译和减译是英语翻译中常用的两种技巧，它们能帮助译者在忠实原文的同时，使翻译文本更加契合目标语言读者的阅读习惯和文化背景。增译不仅仅是为了弥补文化差异，它还能用于提高文本的可读性和理解性。在翻译过程中，若目标语言读者对原文中出现的某些概念、背景信息或文化特定元素对目标语言读者来说不熟悉或是难以理解，译者可能会添加额外的解释、注释或背景信息，以帮助读者更好地把握原文的意图和内容。例如，在翻译涉及特定国家历史或习俗的文本时，增译可以通过添加必要的文化背景，使读者能够更全面地理解原文。

减译是一种删减技巧，用于去除在目标语言中可能显得多余、重复或冗长的信息。在处理原文中出于修辞目的而重复或详细描述的内容时，减译尤为有用。通过减译，译者可以避免翻译文本过于冗长，保持语言的简洁性和表达的精练性。减译也有助于避免信息过载，使读者能够更迅速地抓住文本的主要观点和信息。

在实际翻译中，增译和减译往往需要根据文本的具体情况和翻译目的来灵活运用。译者需要具备敏锐的判断力，以确定何时需要增加信息以增强清晰度，何时需要删减信息以保持简洁性。此外，译者还需要考虑到目标语言的表达习惯和读者的预期，以确保翻译文本既能忠实于原文，又能满足目标语言读者的需求。

3. 转译

转译技巧是英语翻译中的一种关键策略，尤其适用于原文里在目标语言中缺乏直接对应表达的情况。这种技巧要求译者不仅要理解原文的字面意义，还要洞察其背后的深层含义和文化背景。在面对难以直接翻译的词汇、习语、谚语或文化特定元素时，转译允许译者通过创造性的方式，寻找或构建目标语言中的等效表达。

三、英语翻译的分类和功能

（一）英语翻译的分类

英语翻译的分类可以根据不同的标准进行划分，以适应不同的翻译需求和场景。

1. 按文本类型分类

文学翻译：涉及小说、诗歌、戏剧等文学作品的翻译，强调文学风格和情感的传达。

技术翻译：包括科学论文、技术手册、专利文件等，对准确性和专业术语的正确使用有着极高的要求。

商务翻译：涉及商业合同、市场报告、商业信函等，需要正式、礼貌且具有说服力的语言。

法律翻译：包括法律文件、法规、合同等，要求做到绝对精确，以避免引发法律纠纷。

医疗翻译：涉及医疗报告、药品说明、医学研究等，对准确性和专业性有着极高的要求。

2. 按翻译方向分类

英译中：将英语文本翻译成中文。

中译英：将中文文本翻译成英语。

英译其他语言：将英语文本翻译成其他国家的语言，如法语、德语、西班牙语等。

3. 按翻译媒介分类

书面翻译：涉及文本资料的翻译，如书籍、文章、报告等。

口译：包括同声传译和交替传译，适用于会议、演讲、商务谈判等现场交流场合。口译是一个非常复杂的动态过程①。

4. 按翻译目的分类

信息传递翻译：侧重于准确传递原文信息，如新闻报道、技术文档等。

功能翻译：侧重于实现特定的功能或效果，如广告文案、宣传材料等。

5. 按翻译的正式程度分类

正式翻译：用于官方文件、法律文书等正式场合。

非正式翻译：用于日常交流、网络语言等非正式场合。

这些分类反映了英语翻译的多样性和复杂性，不同的分类标准有助于确定翻译的具体要求和方法。

（二）英语翻译的功能

1. 文化传递功能

英语翻译在不同文化之间架起了一座桥梁，使不同语言和文化背景的人们能够相互理解和交流。通过翻译，目标语言的读者得以了解英语国家的文化、价值观、历史和社会习俗，促进了文化的多样性和包容性。在这一过程中，译者扮演着文化传递者的角色，他们需要对源语言和目标语言

① 吴静，张薇．混合式学习下应用型口译人才培养模式研究［M］．北京：研究出版社，2022.

的文化有深刻的理解，以确保文化元素的准确传达。

2. 信息沟通功能

英语翻译使信息能够在不同的语言和文化间自由流通。无论是商业、科技、教育还是新闻领域，准确的翻译都是确保信息有效传递的关键。在全球化背景下，英语作为国际通用语言，其翻译功能尤为重要，它帮助不同国家和地区的人们共享知识、技术和资源。

3. 知识普及功能

英语翻译有助于知识的传播和普及。通过翻译，非英语母语者能够接触到原本只能由英语读者获取的知识和信息。这在学术研究、教育材料和专业培训等领域尤为重要。翻译让更多人能够学习并掌握新知识，促进了知识的普及和教育的公平。

4. 教育功能

英语翻译在教育领域发挥着重要的作用。经翻译的文学作品、教科书和学术文章，为学习者提供了丰富的学习材料，帮助他们提高语言技能、扩大知识视野并培养批判性思维。此外，翻译也是语言教学的重要工具，通过对原文与译文进行比较和分析，学生可以更好地掌握语言结构和表达方式。

5. 促进经济发展功能

英语翻译在促进经济发展方面也扮演着关键角色。在国际贸易和商业合作中，准确的翻译有助于建立信任、避免误解，并确保合同和协议的顺利执行。此外，翻译还能推动旅游业的发展。翻译工作者通过提供多语言的旅游信息和服务，吸引更多的国际游客。

第二节 英语翻译教学的基础知识

一、英语翻译教学的理念和原则

（一）英语翻译教学的理念

1. 以翻译理论为主导

翻译理论主要用于指导实践，因此翻译教学需以翻译理论为先导。当前的翻译理论众多且复杂，许多理论都源于宗教和文学领域。因此，将不同学派的翻译理论融合时，会因内容繁杂而使人感到乏味，这类理论本身就缺乏实用价值。

相较而言，翻译功能目的论的实用性较强。翻译功能目的论认为，译本的预期目的、功能对翻译过程起着决定性作用，而非作者赋予的原有目的与功能。一般情况下，实用文体翻译都具有一定的现实目的，甚至具有功利性目的。这种目的可能受多种因素的影响，如翻译委托人、文化背景、译本接受者等。目的与功能是实用文体翻译的重要依据，也是功能目的论的核心。从这个角度而言，理论与实践能够很好地结合起来。

事实上，学校开设翻译课的主要目的在于，让学生将理论运用于具体实践中。通过这些实践活动，可以发现学生学习翻译的目的，是为了应对考试，还是为了毕业后找工作。可见，以翻译功能目的论为先导，对学生翻译课程进行指导，必然会调动学生的积极性和自主性。

2. 以语言对比为基础

翻译教学的基础在于对英汉语言进行对比，这一点从英语学习过程中便可体会到。在英语学习的初级阶段，学生应该能察觉到，一旦脱离英语环境，他们往往会本能地说汉语。然而，当他们积累了一定的词汇量后，就会不自觉地说英语。在这一过程中，他们必然会对英汉语言展开对比分析。一般来说，英汉语言对比包含如下两个特点：

（1）同中存异。针对英汉语言对比同中有异的分析，本书主要从英汉语言中的介词展开论证。在英汉语言中，介词较为常见，有时二者的用法相同。然而，汉语中的介词大多由动词演变而来，这就导致当前很多介词难以判定究竟是介词还是动词。而英语词汇中的介词与动词则不包含此类含义。英汉介词在这一层面的差异致使译者在翻译英语中的介词时，往往需要借助汉语的动词来展开翻译。

（2）各有不同。英汉语言对比各有不同涵盖许多层面，如词序、句子衔接、重心位置等。

通过将英汉语言中同中有异、各有不同的特点进行对比，能够让学生克服母语对翻译的干扰，从而更有助于译者对源语的理解和表达。

3. 以翻译技巧为主干

在翻译教学中，翻译技巧是主干。这是由于以翻译理论为先导、以语言对比为基础，仅能帮助译者从科学的角度理解翻译，而若要真正地开展翻译实践，必然离不开翻译技巧的参与。翻译教学的主要内容在于将先人的宝贵翻译经验传授给他人。这些经验不仅包含对源语的理解，对目的语的表达，还包含翻译技巧与方法。

4. 以综合分析为手段

译者在翻译过程中可以发现，很多句子的翻译方法不止一种。然而，通过对人们运用多种翻译方法所产出的译文进行对比后发现，往往只有少数几种较为恰当。因此，在翻译时需要采用综合分析的手段，选出最佳的译文。采用综合分析的翻译手段要求译者从总体以及系统要素出发，做到连点成线、集线成面、集面成体，采用静态与动态分析相结合的方法对其进行观察分析，才能让译者透过现象发现其本质。

（二）英语翻译教学的原则

1. 翻译能力与翻译批评能力培养相结合的原则

教师在培养学生翻译能力的同时，还要注意提高学生的翻译批评能力。批评能力是指对别人的译作进行客观的评价，既要点评优点，也要批评缺点，还可以对其错误之处进行修正。这既有利于学生学习他人的长处，也能让其反思自己的错误，避免再次发生同样的错误。学生在对他人的译作进行翻译批评时，也能对自身译作的优劣做到心中有数。

2. 翻译速度与翻译质量相结合的原则

翻译教学的目的在于培养学生的翻译能力，这既涵盖对翻译技巧的掌握以及对译文质量的保证，也包括具备较快的翻译速度。在实际翻译活动中，常常会有催稿、急稿的情况出现，若学生翻译速度过慢，可能无法完成翻译任务。因此，在翻译教学过程中，教师要经常提醒学生，使其有意识地提高自身翻译速度。例如，教师在教学过程中可经常开展课堂限时练习，英译汉练习的量可先设定为每小时200个左右的英文单词，随后逐步增加到每小时250~300个英文单词甚至更多。此外，对于课后练习，教师也可要求学生尽量在规定时间内完成。

3. 注重实践原则

翻译教学离不开实践。要想让学生掌握翻译技能，教师必须要求学生进行一定量的练习，如每周至少要练习翻译一篇文章。学生通过练习去感受、思考，并想办法解决问题，再从教师的讲评中，将这些感性经验与自己思考的结果上升为理论。通过不断地实践、思考和总结，学生分析问题和解决问题的能力会不断提升，翻译能力和水平也会随之提高。因此，翻译教学的重点就是对学生翻译过程的关注，帮助、训练和鼓励他们解决在理解、表达和审校过程中遇到的具体问题。只有这样，才能让学生在今后的工作岗位中不断学习和探索，独立解决在翻译过程中遇到的问题。如此培养出来的学生才会具备学习能力和创造能力。

二、英语翻译教学的方法和内容

（一）英语翻译教学的方法

1. 直译法

直译法指的是按照原文的字面意思直接进行翻译。这种翻译方法简单直接、方便易懂，要求较为简单，即不会引发错误的联想且符合译语语言规范。由于直译法不仅能够保留原文的内容，还能保留原文的形式，尤其是保留了原文的形象、地方色彩等，因此它是英语翻译中较为常用的技巧。

2. 音译法

音译法是一种根据词语的发音，采用发音相同或大致相同的目的语词语来进行表达的翻译方法。在英语文章中，时常会出现一些在汉语文化中不存在的词语，翻译时可采用音译方法，依据其发音进行翻译。这种翻译方法看似简单便捷，却不能随意使用。学生遇到不会翻译的词语时，应尽量查找资料，确认是否有相关词汇的既定翻译，不应随意采用音译方法，否则会导致译文的混乱。教师在教授音译法时，应告知学生音译法的使用范围，即用于地名、人名、机构名称以及一些流行语的翻译。这样做的目的在于保留源语的异国特色，减少翻译过程中的文化遗失和语言误解，在快速、准确传播文化的同时，丰富本国语言[①]。

3. 意译法

英汉语言分别拥有各自的词汇、句法结构和表达方式，因此，在翻译时太过拘泥于形式并不可行。意译法打破了这种限制，当直接翻译原文无法准确传达其要表达的含义时，译者就可以使用意译法再现原文含义。意译法能够以灵活的形式正确表达原文含义。

4. 反译法

翻译的目的是让译入语的受众能够理解，因此，译者在翻译时需要根据译入语的表达习惯进行适当的反译。所谓反译，指的是将原文的肯定形式译为否定形式，或者把否定形式译为肯定形式，即正话反说或反话正说。反译法体现了英汉两种语言在表达否定意义时存在的形式差异。

5. 转译法

转译法是一种涉及词类转换的翻译技巧。由于英汉表达习惯存在差异，译文中难以做到每个词语的词性都与原文词语完全一致。在这种情况下，学生不妨适当转换词性进行翻译。例如，将原文的名词转换为动词，把原文中的副词转换为介词等。

（二）英语翻译教学的内容

1. 翻译理论基础

在英语翻译教学中，为学生奠定坚实的理论基础是至关重要的第一步。教师不仅要介绍翻译的定义、目的、原则和标准，还要深入探讨多种翻译理论模型。例如，通过学习尤金·A. 奈达的功能对等理论，学生能够理解翻译不仅要传达原文的字面意思，还要传达其功能和效果，确保目标语言读者能够产生与原文读者相似的反应。而彼得·纽马克（Peter Newmark）

① 王翠，朱凌奕，苑广滨. 英语语言学理论与教学实践［M］. 长春：吉林人民出版社，2021.

的语义翻译和交际翻译理论，则分别强调了忠实传达原文意义以及在不同文化和交际情境中实现有效沟通的重要性。

除这些理论模型外，翻译教学还应包括对翻译过程中的伦理考量、文化适应性以及翻译策略和技巧的讨论。要使学生明白，翻译并非单纯的语言转换，更是文化和语境的传递。因此，教师在教学中还应引导学生深入理解目标语言文化，以及教授他们如何在翻译中妥善处理文化差异和敏感问题。此外，翻译教学还应涵盖对翻译批评的介绍，教会学生如何评估翻译作品的质量，识别并分析翻译中的错误和不足。通过案例研究和实际翻译练习，使学生能够将理论知识运用于实践，提升自身的翻译技能和批判性思维能力。

综上所述，翻译教学中的理论基础部分为学生搭建起一个全面的框架，帮助他们理解翻译的复杂性和多维性，培养他们成为能够进行高质量翻译的专业人才。通过对这些理论的学习，学生不仅能掌握翻译的技巧，还能培育出对翻译工作的深刻理解和批判性分析的能力。

2. 语言技能提升

在英语翻译教学中，提升学生的语言技能是核心环节。这要求学生不仅要有扎实的语法基础和丰富的词汇量，还要能够熟练运用各种句型结构和表达方式。这是由于，翻译工作并非仅是简单的语言转换，更是对原文意义的准确传达和目标语言文化的恰当呈现。学生必须对英语语言的各个方面都有深刻的理解和掌握，包括但不限于语法规则、词汇的准确使用、句子结构的多样性，以及表达方式的恰当选择。

在教学过程中，教师会通过各种教学方法和活动，如语法练习、词汇游戏、句子重构、段落写作等，来加强学生的语言技能。同时，通过对目标语言（英语）和源语言（中文）的对比分析，学生能够更清晰地认识到两种语言在语法结构、词汇使用、表达习惯等方面的异同。这种对比分析对于学生在翻译实践中识别和处理语言差异至关重要，它有助于学生避免直译错误，提高翻译的自然度和准确性。此外，在教学过程中，教师还要着重培养学生对语言的敏感度和适应性，鼓励学生在翻译时考虑目标语言读者的文化背景和阅读习惯。这包括对语言风格的把握、对语境的适应以及对文化特定元素的处理。通过这样的教学，学生能够学会如何在保持原文意义的同时，使翻译作品更加贴近目标语言的文化和表达习惯。

综上所述，英语翻译教学中对语言技能的强调，旨在培养学生成为能够准确、流畅、自然地进行翻译的专业人才。通过系统的学习和实践，学生能够不断提升自己的语言能力，更好地应对翻译工作中的各种挑战。

3. 文化背景知识

在英语翻译教学中，文化传递的重要性不亚于语言转换。在教学过程中，教师会强调文化背景知识的重要性，并将其融入翻译教学的各个环节。学生需要了解目标语言国家的历史、社会、习俗、价值观等，这些文化元素对于其理解原文的深层含义和进行准确的翻译至关重要。

在教学中，教师会通过案例分析、文化比较、讨论和研究等方式，帮助学生识别和理解文化特定元素，如习语、谚语、历史典故、宗教信仰、社会习俗等。在翻译过程中学生需要对它们予以特别关注，因为直接翻译这类元素往往会引发误解，或者致使原文失去原有的文化色彩。为避免出现文化错误，学生需要学会如何恰当地处理这些文化特定元素。这可能涉及在目标语言中寻找对应的表达方式、作出适当的解释或注释，又或者通过创造性地进行文化适应，以确保翻译作品在传达原文意义的同时，也能被目标语言的读者所理解和接受。此外，在教学过程中还会涉及跨文化交际能力的培养，使学生能够在翻译时考虑到不同文化间的交流和沟通。这包括了解不同文化之间的交际规范、礼貌表达、非语言沟通等，以及如何在翻译中平衡源语言文化和目标语言文化的特点。通过这样的教学，学生能够更加深入地理解文化在翻译中的作用，学会在保持原文文化特色的同时，使翻译作品更加贴近目标语言的文化环境。这种跨文化翻译能力的提升，对学生未来在全球化背景下的翻译工作具有重要的意义。

4. 翻译技巧和策略

在英语翻译教学内容中，传授翻译技巧和策略是提升学生翻译能力的关键。在教学过程中，学生不仅会接触到直译、意译、增译、减译、转译等基本翻译技巧，还会学习如何根据文本的类型、风格、功能以及翻译的具体目的来灵活运用这些技巧。例如，直译通常应用于对法律和技术文档的翻译中，以确保精确无误地传达原文信息；而意译则更多应用于文学作品的翻译中，以传达原文的情感和意境。

在教学中，教师还要特别强调学生对翻译难点的处理，如习语和双关语的翻译，这类词汇往往承载着丰富的文化内涵和语言智慧。学生需要学习如何识别这些难点，并掌握相应的翻译策略，如寻找目标语言中的等效表达、进行适当的解释或注释，以确保翻译的准确性和自然性。诗歌翻译是翻译教学中的另一个重要难点，它要求学生不仅要传达诗歌的字面意义，还要传达其韵律、节奏和情感。这通常需要学生具备较高的语言敏感度和创造力，以及对诗歌形式和内容的深刻理解。此外，教学内容还会涵盖翻译中常见问题和错误的分析，如误译、过度翻译等，以及如何通过校对和修订来提高翻译质量。学生将在教学中学习如何进行自我评估和同行评审，以培养自身的批判性思维和自我改进的能力。

通过对这些翻译技巧和策略的学习，学生能够更好地应对各种翻译任务，提高翻译的效率和质量。教学的最终目标是使学生能够独立、批判性地思考翻译问题，进而形成一套契合自身的翻译方法和风格。

5. 翻译实践和案例分析

在英语翻译教学中，实践环节至关重要，它直接关系到学生将理论知识转化为实际翻译能力的过程。通过持续的翻译练习，学生能够加深对翻译技巧的理解并熟练应用，从而提高他们的翻译技能。这些练习覆盖了从短文翻译到段落翻译，再到整篇文章翻译等各个层面，确保学生在不同的文本长度和复杂性上都能得到充分锻炼。在练习过程中，学生将面对各种类型的文本，如新闻报道、小说片段、商业文档、科学论文等，每种文本类型都有其独特的语言特点和翻译要求。通过这些多样化的练习，学生能够学会根据不同的文本类型和翻译目的，选择合适的翻译策略。

案例分析作为教学中的另一个重要环节，为学生提供了一个观察和学习专业翻译实践的机会。通过分析真实的翻译案例，学生能够洞察理论知识在实际翻译工作中的应用，了解翻译过程中可能遇到的问题和挑战，以及如何通过创造性的解决方案来克服这些问题。此外，案例分析还有助于学生学习掌握评价翻译作品的质量的方法，包括准确性、流畅性、自然性以及对原文风格的忠实度。学生将学习如何开展自我评估和同行评审，以此培养批判性思维和自我改进的能力。

通过参与这些实践活动和案例分析，学生不仅能提高自身的翻译技能，还能培养解决翻译问题的能力，以及对翻译作品进行评估和修订的能力。这些能力的养成对学生未来的翻译职业生涯至关重要，因为它们不仅能使学生在实际工作中独立、高效地完成翻译任务，还能持续提高自己的翻译水平。

6. 翻译工具和技术应用

在现代翻译教学中，教授学生如何有效利用翻译工具，是提高翻译效率和质量的关键环节。随着技术的发展，翻译工作已从传统手工翻译转变为依赖于各种先进技术和工具的现代化作业。学生需要掌握的翻译工具包括但不限于以下几种：第一，电子词典和术语库。这些工具具备快速查找单词定义、同义词、反义词以及专业术语的功能，对于确保翻译的准确性和专业性至关重要。第二，翻译记忆软件。这类软件能够存储已翻译的文本片段。当遇到重复或相似的文本时，该软件可以自动提供过往翻译，既能节省时间，又能保持翻译的一致性。翻译记忆软件具有自动记忆存储功能，译者在进行翻译时，翻译记忆软件可以自动同步学习和储存翻译单元，填充翻译记忆库①。第三，计算机辅助翻译工具。计算机辅助翻译工具集成了翻译记忆、术语管理、自动翻译建议等功能，能帮助译者提高工作效率，确保翻译质量。第四，在线翻译平台。这类平台提供了便捷的翻译服务，学生可以通过实践来了解机器翻译的优缺点，并学习如何利用机器对翻译结果进行后期编辑和优化。第五，文本对齐工具。这类工具用于对源语言文本和目标语言文本进行对齐操作，便于译者对照查看和编辑，尤其适用于长文档的翻译工作。第六，项目管理软件。对于大型翻译项目，项目管理软件能够帮助译者和团队成员协调工作流程，跟踪项目进度，管理文件和资源。第七，质量保证工具。这类工具包括拼写检查、语法检查、一致性检查等，能够帮助译者发现并修正错误，提高翻译质量。

通过学习和实践使用这些工具，学生能够更好地适应现代翻译行业的工作模式，提高自身的翻译效率和质量。此外，学生还将学习如何评估和选择最适合特定翻译任务的工具，以及学习如何将这些工具与翻译技巧和策略相结合，以实现最佳的翻译效果。这种技能的培养对学生未来的翻译职业生涯至关重要，能使学生在竞争激烈的翻译市场中保持竞争力。综上

① 李高新．计算机辅助翻译理论与实践［M］．湘潭：湘潭大学出版社，2021.

所述，英语翻译教学的内容是多维度的，旨在培养学生成为既拥有理论知识，又具备实践经验的专业翻译人才。通过对这些内容的学习，学生能够掌握翻译工作的各个方面，为将来的翻译工作做好充分准备。

第三节　英语翻译教学的问题与优化对策

一、英语翻译教学的问题

（一）理论与实践脱节

翻译教学中常见的问题之一是理论与实践之间的脱节。尽管学生可能在课堂上学习了丰富的翻译理论，但在实际翻译工作中，他们可能难以将这些理论应用到实践中。为了解决这一问题，教师在教学中应更加注重实践环节，通过模拟真实的翻译任务和案例分析，帮助学生将理论知识转化为实际技能。

（二）英语文化理解不足

翻译不仅是语言的转换，还涉及文化的传递。由于学生可能在理解源语言文化和目标语言文化方面存在不足，导致翻译中出现文化误解或不当表达。为了提高学生的文化理解能力，教师在教学中应包含跨文化交际的课程，并通过比较不同文化之间的差异，培养学生的文化敏感性和适应性。

（三）技术工具应用不足

随着技术的发展，翻译工具和辅助技术在翻译行业中扮演着越来越重要的角色。然而，部分翻译教学课程可能没有充分涵盖这些工具的使用，导致学生在毕业后难以适应现代翻译工作的需求。为了解决这一问题，教师在翻译教学中应包括计算机辅助翻译工具、翻译记忆软件和其他相关技术的培训，以确保学生能够熟练运用这些工具。

（四）评估和反馈机制不完善

有效的评估和反馈机制对提高学生的翻译技能至关重要。然而，部分翻译教学课程可能缺乏系统的评价标准和及时的反馈。为了改善这一状况，教师应该建立明确的评估标准，并提供及时、具体、建设性的反馈。此外，教师还应鼓励学生进行自我评估和同行评审，以帮助他们更好地认识到自身的优势和不足之处。

通过解决上述问题，英语翻译教学可以更加有效地培养学生的翻译能力，帮助他们成为能够适应现代翻译行业需求的专业翻译人才。

二、英语翻译教学的优化对策

（一）加强实践与理论的结合

为解决理论与实践脱节问题，教师在开展翻译教学时应采取更加以实践为导向的教学方法。这包括设计模拟翻译项目，让学生在真实的工作环境中进行翻译实践，从而将理论知识应用于实际问题解决中。同时，教师可以邀请行业专家开展讲座或成立工作坊，分享他们的实践经验，为学生提供第一手行业信息和翻译技巧。

（二）深化英语文化理解教育

在英语翻译教学中，应加强对学生跨文化交际能力的培养。这可以通过比较不同文化背景下的语言表达和交际习惯来实现。教师可以开展跨文化案例研究，让学生分析和讨论文化差异对翻译的影响。此外，教师还可以鼓励学生学习第二外语或参与国际交流项目，以增强他们的文化理解和适应能力。

（三）提升技术工具的应用能力

随着翻译行业的技术化发展，翻译教学需加强对学生技术工具应用能力的培养。这包括教授学生如何使用计算机辅助翻译工具、翻译记忆软件、术语管理工具等。在教学中可以设置专门的技术培训模块，让学生通过实际操作来熟悉这些工具的功能和使用技巧。同时，教师应该不断更新自己的技术知识，以确保教学内容的现代性和相关性。

（四）完善评估和反馈机制

建立一个全面、公正的评估体系对于提高翻译教学质量来说至关重要。这包括制定明确的翻译质量评估标准，以及提供及时、具体、建设性的反馈。教师可以采用多元化的评估方法，如自我评估、同行评审、教师评价等，以获得更全面的评估结果。此外，教师还可以鼓励学生参与到评估标准的制定中，让他们了解行业标准，以提高自身的评估能力。

通过实施上述优化对策，英语翻译教学可以更好地适应行业需求，提高学生的英语翻译技能，培养出更多优秀的英语翻译专业人才。

第二章　跨文化视角下英语专业的翻译实践

跨文化视角下英语专业的翻译实践强调了语言与文化的密切联系，以及在全球化背景下，英语翻译人才需求的日益增长。本章主要论述跨文化视角下英汉词汇翻译、跨文化视角下英汉句式翻译以及跨文化视角下英汉语篇翻译等内容。

第一节　跨文化视角下英汉词汇翻译

一、英汉词汇的差异

（一）词汇构成与形态差异

1. 词汇构成

汉语以单音节或多音节的单词为基本句法成分，短语用法相对有限。

汉语中存在不少外来词，同时也存在通过双音化产生新词的方式。现代汉语以双音节词为主。

英语词汇的构成更为复杂，词组或短语类型多样，包括名词短语、动词短语、形容词短语、介词短语、分词短语、不定式短语与独立结构等，且这些短语在语法功能上灵活多变，可以充当主语、谓语、宾语、定语、状语与表语等。

2. 形态变化

汉语形态变化较小，主要通过词汇和语序来表达语法意义。英语形态变化丰富，包括时态、语态、数、格等多种形态变化。这些变化对英语词汇的意义和用法产生重要影响。

（二）词义差异

1. 概念意义

中英文中的部分词汇在概念意义上并不对等。例如，“uncle”在英语中统指父系和母系的尊长，而汉语中则有“伯父”“叔父”“姑父”“姨夫”“舅舅”等详细词意。

2. 内涵意义

由于使用汉英两种语言的民族的思维方式和文化背景不同，部分词语尽管在概念意义上对等，可内涵意义却可能截然不同。例如，“喜鹊”在汉语中与“喜事、吉利、运气”等相关联，而英语中的“magpie”却常跟“唠叨、饶舌”等含义联系在一起。

3. 一词多义

英语中的许多词汇常常一词多义，它们所表达的各个含义分别与汉语中几个不同的词或词组相对应。因此，在用英文进行写作或翻译时，需要慎重选词用词，以贴切地表达其思想。

（三）文化背景与习惯差异

1. 文化背景

英汉两种语言植根于完全不同的社会、历史、文化背景，因此其词汇各自蕴含着独特的文化内涵。例如，在中国文化中，“龙”是吉祥、尊贵的象征；而在西方文化中，“dragon”却常常被描绘成邪恶、凶猛的生物。

2. 语言习惯

英汉两种语言在表达习惯上也存在差异。例如，汉语中的称谓讲究长幼有序、内外有别、男女有别；而英语中的称谓则相对简单，只进行性别的区分。

（四）词汇空缺与不完全对应

1. 词汇空缺

由于文化现象存在空缺，部分具有独特文化内涵的词语，在另一种语言中可能没有与之对应的词汇。例如，“糖葫芦”“文房四宝”“章草”“五经”“阴阳”等，都是中国特有的文化符号，在英语里不存在完全对应的词语。

2. 不完全对应

英汉词汇中还存在部分不完全对应的现象。例如，英语中的“marry”一词，既有“嫁”的意思，又有“娶”意思。而在汉语中，“嫁”和“娶”有着明确的区分。

英汉词汇在构成与形态、词义、文化背景与习惯，以及词汇空缺与不完全对应等方面都存在显著差异。这些差异要求我们在进行英汉翻译或语言学习时，需要充分了解并尊重这些差异，以提高自身的翻译质量和语言运用能力。

二、英汉词汇的翻译策略

在跨文化视角下，英汉词汇的翻译策略是一个复杂而又精细的过程。它要求译者不仅要精通两种语言，还要深入了解两种文化的差异。

（一）理解并尊重文化差异

1. 文化敏感性

译者在进行英汉词汇翻译时，需要具备高度的文化敏感性。这不仅涉及其对词汇字面意义的准确把握，还能深入理解并尊重两种语言背后的文化差异。这包括对历史背景的了解，因为许多词汇和表达方式都有其历史渊源；对宗教信仰的认识，因为宗教往往对一个民族的语言和文化有着深远的影响；对社会习俗的洞察，因为不同社会的传统和行为习惯会反映在其语言使用上；以及对价值观念的把握，因为价值观念的差异会影响人们对事物的看法和表达方式。

译者还需要关注语言的演变和文化的发展趋势，因为语言会随着社会的变迁而不断变化。通过不断学习和实践，译者能够更好地捕捉到语言的细微差别，更准确地传达原文的深层含义，实现顺畅的跨文化交流。这种文化敏感性也有助于译者在面对难以直接翻译的词汇时，能够创造性地找到或构建合适的表达方式，既忠实于原文，又能让目标语言的读者产生共鸣。

2. 避免文化冲突

在翻译过程中，需要特别注意文化差异可能引起的误解或冲突。翻译并非仅是语言的转换，更是文化的传递。某些词汇在源语言文化中可能具有积极、正面的含义，但在目标语言文化中却可能被赋予负面或不敬的含义；反之亦然。因此，译者必须要对两种文化差异有深刻理解，以及对语境敏锐把握。

例如，某些颜色、数字、动物或花卉在不同文化中的象征意义可能截然不同。在一种文化里被视作吉祥的颜色，在另一种文化中却可能与悲伤或不幸相关联。此外，某些习语、俚语或成语中，可能蕴含特定的文化故事或历史背景，若直接翻译，则可能让目标语言的读者感到困惑。

为了避免上述问题，译者可以采用适当的翻译策略，如意译、注释或文化适应等方法，以确保翻译内容在目标文化中的适宜性和可接受性。通过细致入微的文化考量和创造性的语言表达，译者能够架起跨文化沟通的桥梁，促进不同文化之间的理解和尊重。

（二）灵活运用翻译技巧

1. 直译与意译结合

（1）直译。当原文中的词汇在目标语言中存在直接对应且意义相近的词汇时，采用直译法是一种有效的翻译策略。这种方法能够最大限度地保留原文的语境、风格和语义，使读者能够直观地感受到原文的表达意图。直译法尤其适用于科学、技术或法律等专业领域的翻译，这些领域中的标准术语往往在不同语言间有着明确的对应关系。然而，即便在使用直译法时，译者也需注意保持译文的流畅性和可读性，避免表达生硬或不自然。

（2）意译。当原文中的词汇在目标语言中缺乏直接对应或意义存在较大差异时，意译法成为必要的翻译策略。意译要求译者不仅要准确把握原文的字面意义，更要深入理解其隐含的语境、情感色彩和文化内涵。译者需运用创造性思维，选择或构建目标语言中的词汇和表达，以传达与原文相似的效果和意境。这种翻译方式有助于克服语言障碍，使目标语言的读者能够更好地理解和感受原文的深层意义，实现跨文化的有效沟通。

2. 增译与减译

（1）增译。在翻译过程中，适当增加一些词汇或短语是常见的做法，尤其是在处理那些原文中省略或隐含的信息时。这种做法可以帮助目标语言的读者更好地理解文本的完整意义，尤其是在两种语言的表达习惯或语法结构存在差异的情况下。此外，增加的词汇还可以用于解释或注释文化特定的元素，帮助读者跨越文化障碍，从而让其更准确地把握原文中的意图和情感。这种增译技巧需要译者具备高度的语言敏感性和文化适应能力，以确保增加的内容既自然又恰当，且不改变原文的意图，同时还能提升译文的可读性和准确性。

（2）减译。与之相反，在翻译过程中，若原文中包含冗余信息，译者有责任对其进行筛选和精简。省略这些部分可以使译文更加流畅，避免冗长，从而提高文本的可读性。这种策略特别适用于处理那些在源语言中因强调或遵循特定文体，而在译文中显得多余或不自然的表达。译者在对原文进行省略时，必须确保不损害其核心意义和完整性，同时还要考虑目标语言的表达习惯和读者的预期。这种审慎的省略有助于保持翻译的准确性和有效性，实现语言的经济性和表达的清晰度。

3. 词性转换

由于英语和汉语在语法结构上存在差异，词性转换在英汉翻译中是一种常见的技巧。例如，英语中的名词短语可能在汉语中更适合表达为动词短语，以符合汉语的语序和表达习惯。这种转换不仅涉及词性的改变，也包括对句子结构的调整，以确保译文自然、流畅，符合目标语言的语法规则。此外，词性转换还可能涉及形容词与副词之间的转换，也可能是译者根据上下文，将某个词类灵活运用为其他词类，以达到最佳的表达效果。译者在运用词性转换时，需深入理解两种语言的语法特点，并准确把握上下文。

（三）保持原文的语境和风格

1. 语境一致性

在翻译过程中，保持原文的语境和风格至关重要，这要求译者在词汇选择、句式安排和修辞手法的运用上做到精准和恰当。译者需仔细分析原文的语境、语气和目的，确保译文在传达相同信息的同时，也能够反映出原文的文体特征和情感色彩。这可能意味着在翻译过程中要考虑到原文的正式或非正式程度、幽默感、讽刺意味或其他文学特质。同时，译者在翻译诗歌或文学作品时，尤其要注意保持原文的韵律、节奏和音韵美。通过这些细致的处理，译文不仅能够忠实于原文，还能为目标语言的读者提供丰富而真实的阅读体验。

2. 风格传达

原文的文体风格对翻译的准确性和表现力有着重要影响。文学性文本可能包含丰富的修辞和隐喻，这就要求译者具备较高的文学素养和创造力，以捕捉并再现原文的艺术美感。科技性文本则侧重于术语的准确性和逻辑的严密性，译者需要对相关领域有足够的了解，以确保专业术语的准确转换。新闻性文本注重信息的客观传递和时效性，译者应做到语言简洁明了，迅速传达新闻要点。根据原文的文体特点，译者应选择适宜的翻译策略，如直译、意译或增减译等，以确保译文既忠实于原文，又符合目标语言读者的阅读习惯。

（四）利用辅助工具和专业资源

1. 词典和参考资料

在翻译工作中，充分利用英汉词典、专业术语表、在线翻译资源以及行业特定的数据库等辅助工具，对于确保译文的准确性和专业性至关重要。

这些工具能够帮助译者快速查找词汇的准确含义、常用搭配以及专业术语的标准化翻译。尤其是在处理专业领域文本时，如法律、医学或工程等，准确使用专业术语可以避免误解，确保信息的正确传递。同时，这些辅助工具还有助于译者深入理解语言用法，包括词汇的多重含义、语境中的适用性以及文化相关的差异。译者应将自身的专业知识与这些辅助工具相结合，开展细致的校对和审阅工作，以提升翻译的整体质量。

2. 专业咨询

对于包含特定领域或专业知识的词汇翻译，除依赖词典和术语表外，寻求相关领域专家或专业人士的意见和建议也是一种最佳做法。专家的深入见解可以确保专业术语的翻译不仅能在语言层面准确无误，还能在专业领域符合行业标准与实践。这种合作方式有助于译者捕捉行业术语的细微差别和最新发展，避免因外行理解而产生错误。在翻译过程中，译者若能积极与领域专家沟通，便能显著提升翻译的专业度和可信度，确保译文对专业读者而言既具有权威性又易于理解。

（五）注重跨文化沟通

1. 读者意识

在翻译过程中，译者需要始终关注目标语言读者的需求和阅读习惯。了解读者的文化背景、价值观、语言偏好以及阅读期待，对译者实现有效沟通至关重要。译者应充分考虑这些因素，灵活调整语言风格、表达方式和信息呈现，以确保译文既忠于原文，又易于被读者理解和接受。此外，译者还应注意避免文化误解或不适当表达，通过恰当的本地化策略，使译文贴近目标语言的文化环境，从而提升译文的可读性和吸引力。这种以读者为中心的翻译方法，有助于译者搭建与读者之间的沟通桥梁，促进跨文化交流与理解。

2. 反馈与修正

翻译完成后，译者通过读者反馈或专家评审等方式对译文进行修正和完善，这是提高译文质量和准确性的重要环节。这一过程能让译者从不同角度审视译文，识别可能被忽略的问题，如语言的流畅性、术语的准确性、文化的适应性等。读者的直接体验和专家的专业知识可以提供宝贵的视角，帮助译者理解译文在实际语境中的表现。通过认真考虑反馈意见并作出相应调整，译者能够优化译文，使其更加贴近目标语言读者的阅读习惯和文化预期，确保翻译作品的专业性、可读性和传播效果。

第二节　跨文化视角下英汉句式翻译

一、英汉长句的翻译

在英语体系中，由于连词、冠词和介词等功能词的作用，以及非谓语动词和谓语动词等结构形式的存在，使英语句子的修饰成分变得复杂。其修饰成分可以是单词、短语，也可以是从句，并且这些修饰成分能够层层嵌套使用。再加上英语与汉语在句子语序上的差异，如定语和状语修饰语的位置差异、句子逻辑安排差异等，这些因素使英语句子结构复杂，长句较多，有时一段内容可能仅由一句话构成。对初学翻译的译者而言，长句的确使人感到扑朔迷离，翻译时不知从何处着手。实际上，只要方法得当，长句翻译并非难事。

长句翻译的关键在于理解分析。通常，对长句进行理解分析可采用以下步骤：第一，通过语法分析，判断句子属于简单句、并列句还是复合句。第二，深入分析句子结构成分。若为简单句，需找出句子的主干部分、定语和状语；若为并列句，需找出连接句子的并列连词，然后具体分析各个并列分句的结构成分；若为复合句，需找出从属连接词，分清主句和从句，然后对主句和从句各自的结构成分展开分析。只有通过层层分析，才能将长句化繁为简，化整为零。在翻译时，译者可采用适当的方法，将长句用契合译语表达习惯的语言表述出来。然而，在表达过程中，译者需要注意英汉语言的差异，采用不同的翻译方法，灵活处理原文的结构。

（一）英语长句的翻译

1. 顺译法

有些英语长句，其述内容是按事件或动作发生的时间先后顺序，抑或是按内在逻辑关系排列的，这与汉语的表达习惯基本一致。译者在翻译时，一般可按原句顺序进行翻译。

2. 逆译法

在英语里，有些句子的表达顺序和汉语的表达习惯不同，甚至相反，尤其是一些复合句，其主句一般放在句首，即重心在前。而汉语则一般按时间和逻辑顺序，将主要部分放在句尾，形成尾重心。对于这类句子，译者在翻译时宜采用逆序法，即从后向前翻译。

3. 分译法

英语句子重形合，汉语句子重意合，这是英汉两种语言在语句结构方面存在根本差异的原因之一。英语句子的各类成分前后均可出现形形色色的修饰语，主从句之间有连接词，短语可以套短语，从句可以套从句。因此，英语句子往往冗长且复杂。而汉语造句则采用意合，较少使用甚至不使用连接成分，叙事按时间或逻辑顺序进行安排。因此，汉语的语段结构流散，语义层次分明。这就使汉语中散句、松句、紧缩句、省略句或流水句较为常见，长句则相对少见。分译法是指，在进行英汉翻译时，译者需要根据意合的原则，改变原文的句子结构，化整为零、化繁为简，并将原文译为并列的散句或分离的单句，以适应汉语的表达习惯。分译法不仅适用于翻译单个的单词、短语，还适用于翻译简单句，还可以用于翻译长句或难句。

（二）汉语长句的翻译

1. 顺译法

当汉语和英语的叙述层次一致时，翻译工作可以遵循原文的结构顺序进行。在翻译过程中，适当添加连接词是至关重要的。它有助于译者构建句子的逻辑关系，使翻译后的文本更加流畅和自然。例如，使用“and”“but”“therefore”等词汇来表达并列、转折或因果关系。此外，根据上下文，译者可能还需要添加一些词汇来帮助读者更好地理解原文的意图和语境，如使用“in fact”“for example”等词汇来增强文本的可读性和说服力。这样的翻译既保留了原文的逻辑顺序，又适应了目标语言的表达习惯。

2. 断句法

在翻译汉语长句时，断句是较为常用的一种方法。由于汉语长句多为复句，包含层次较多，逻辑复杂。因此，译者在翻译时可根据复句或句子间的逻辑关系，适当将句子折分为几句进行翻译。如此一来，译文结构会更简洁，意思表达也更清晰、明了，契合英语的表达习惯。

3. 合句法

在汉语长句的翻译中，合句法是一种非常有效的策略。这种方法通过将多个独立的句子合并为一个复合句，不仅简化了表达，还增强了语言的连贯性和流畅性。例如，可以将一些并列的短句通过合适的连接词（如“并且”“但是”“因此”等）连接起来，形成一个完整的复合句。这样做的好处是能够减少句子的数量，避免过多断句导致的阅读障碍。同时，复合句的使用还能使文章的逻辑关系更加清晰，有助于读者更好地理解和把握文章的主旨。在实际翻译过程中，译者需要根据原文的语境和意义，灵活运用各种连接词和语法结构，确保译文既忠实于原文，又能自然地融入目标语言的表达习惯。通过这样的处理，汉语长句的翻译不仅能够传达原文的深层含义，还能让读者在阅读时感受到语言的美感和节奏感。

此外，译者在翻译过程中，还需注意语言的流畅性和自然性。译者不仅要考虑语法的正确性，还要关注语言的韵律和节奏，使译文既忠实于原文，又能自然融入目标语言的语境中。通过这些方法，可以让汉语长句在翻译成其他语言时，既能保留其原有的表达风格，又能被目标语言的读者理解和接受。

二、英汉特殊结构句的翻译

（一）省略句

英汉省略句的翻译是一个需要特别注意的领域，因为英语和汉语在省略句的使用上存在显著差异。在英语中，省略句往往依赖于上下文的语境，并通过省略某些成分来使句子变得更加简洁和紧凑。而在汉语中，省略句的使用则更为灵活，有时甚至可以省略更多的成分。

1. 理解省略成分

在翻译过程中，准确理解原文中的省略成分至关重要。这不仅要求译者需对原文进行深入分析，还要求其对语言的细微差别具备敏锐的洞察力。原文中的省略成分可能包括主语、谓语、宾语等，它们在句子中发挥着不同的功能，有着不同的意义。例如，英语中的主语省略常常依赖于上下文，而汉语则可能需要明确指出，以保持句子的完整性与清晰性。译者需根据上下文和语境，推断出省略部分的含义，并在译文中进行适当的补充或调整，以确保句子的流畅性和连贯性。同时，译者还需注意保持原文的风格和语气，避免过度翻译或改变原文的意图。通过细致的分析和恰当的补充，可以使译文既忠实于原文，又符合目标语言的表达习惯，增强其可读性和理解性。这种对省略成分的敏感度和处理能力，是译者专业素养的重要体现。

2. 补充省略内容

在进行英译汉的过程中，补充省略内容是确保翻译准确性和流畅性的关键步骤。由于英语和汉语在语法结构和表达习惯上存在差异，英语中的一些省略句在汉语中可能需要明确表达。例如，英语中常见的主语省略，依赖于上下文的语境来理解。而在汉语中，为了保持句子的完整性和清晰性，往往需要将这些省略的主语进行补充。这不仅有助于读者更好地理解句子的意思，还能避免产生歧义和误解。

3. 保持原文风格

在翻译过程中，保持原文的风格和语气至关重要。这不仅涉及对原文内容的忠实传达，更是一种对文化和语境的尊重。在补充省略内容时，译者需在确保句子完整性和清晰性的基础上，尽可能地保留原文的语气和风格。例如，原文中幽默、讽刺、正式或轻松的语调，都应在译文中有所体现。译者应避免过度翻译，即不可在补充省略内容时添加过多的个人解释或情感色彩。这可能会改变原文的意图和情感色彩，导致读者对原文的理解产生偏差。

同时，译者还应考虑目标语言的文化背景和读者的接受习惯，适当调整语言风格，使其更贴近目标语言的表达方式。这种调整需要在不失原文韵味的前提下进行，既要传达原文的精神，又要让目标语言的读者感到自然和舒适。通过这样的细致处理，翻译作品不仅能忠实于原文，还能在目标语言中焕发新的生命力，实现跨文化交流。这种对原文风格的尊重和维护，是译者专业素养的重要体现，也是翻译艺术的一部分。

4. 灵活运用翻译技巧

在翻译过程中，灵活运用各种翻译技巧同样至关重要。这不仅能帮助译者更准确地传达原文，还能使译文更契合目标语言的表达习惯。例如，调整语序可以使句子结构更加符合汉语的语法规则，增强其可读性。使用同位语则可以丰富句子的内容，提供额外的信息，帮助读者更好地理解原文。增加解释性语句则可以弥补原文中的省略或隐含意义，使译文更加清晰和完整。

翻译者还应根据具体语境，灵活选择不同的翻译策略。例如，当原文中存在明显的文化差异或有难以直接翻译的表达时，译者可采用意译的方式，传达其深层含义。

（二）倒装句

英汉倒装句的翻译是一个需要特别注意的翻译技巧。在英语中，倒装句是一种常见的语法结构，通常用于强调、对比或是为了修辞效果。而在汉语中，倒装句的使用则相对较少。因此，译者在翻译时，需要特别注意其语序和逻辑。

1. 理解倒装句的目的

在翻译英语倒装句时，译者的首要任务是准确把握其语法功能和修辞意图。通常，倒装句被用于强调特定成分，如时间、地点或条件，又或是出于句式平衡的需要。理解这些目的有助于译者在翻译时做出恰当调整，确保译文不仅传达了原文的意义，还能维持其强调效果或修辞美感。通过深入分析原文，译者可以更精确地选择翻译策略，使译文既忠实于原文，又自然流畅。

2. 调整语序

在进行英汉翻译时，倒装句的语序调整是关键。英语中常见的倒装结构在汉语中往往需要转换为更自然、更符合汉语习惯的语序。例如，英语中强调句型“Only after finishing his homework did he go out to play”，在汉语中可以调整为“他只有做完作业后才出去玩”。这样的翻译不仅保留了原文的强调效果，也使句子更加契合汉语的表达方式。通过这样的调整，译文不仅能更自然地传达原文的意图和情感，还能增强其可读性和理解性。

3. 使用强调结构

在翻译过程中，为了保留原文的强调效果，译者可以巧妙地运用汉语中的强调句式。例如，使用“只有……才……”或“……才……”等结构，能够有效传达英语倒装句中的重点信息。这样的翻译不仅能够突出原文的强调点，还能使句子在汉语语境中更加流畅自然。通过这种方式，译者能够在不改变原文意图的同时，增强译文的表现力和感染力，提升读者的阅读体验①。

第三节　跨文化视角下英汉语篇翻译

一、英汉语篇的异同

英汉语篇在多个方面存在差异，这些差异主要体现在语法结构、词汇使用、表达习惯以及文化背景等方面。

---

① 胡蝶．跨文化交际下的英汉翻译研究［M］．长春：东北师范大学出版社，2018.

（一）语法结构

1. 句子结构

英语倾向于采用主谓宾结构，句子结构严谨，注重形式的完整和契合。英语句子常常包含多个从句和修饰成分，通过连词、介词等将各个部分紧密连接在一起。

汉语则更加灵活多变，既可以采用主谓宾结构，又可以采用主宾谓等其他结构。汉语句子注重意合，即句子之间的逻辑关系主要通过语境和语义来体现，而非通过形态变化来实现。

2. 形态变化

英语属于屈折语言，其词汇通过形态变化来表达语法关系和意义，这些变化包括但不限于时态、语态、数、格等方面。例如，英语动词会根据时间（过去、现在、将来）和动作的持续性（进行时、完成时）产生变化，同时也会根据主语的人称和数（单数、复数）来调整形态。此外，名词存在单复数的变化，代词会有格的变化（如主格、宾格）。这些形态变化使英语在表达过程中更加精确和灵活，同时也为学习者提供了丰富的语法规则。在句子构建过程中，形态变化允许英语通过词汇内部的变化来表达复杂的时态和语态关系，而不必像汉语那样依赖于助动词或时间状语。这种内在形态的变化有助于英语表达的简洁性和逻辑性，使句子结构更加紧凑。然而，这也意味着英语学习者需要掌握这些复杂的形态变换规则，以便能够正确地使用英语进行有效沟通。在翻译或语言教学中，理解英语的形态变化对于保持原文的精确度和流畅性至关重要。译者和教师需要意识到不同语言在表达相同概念时，可能采用了不同的语法手段。因此，在转换过程中译者和教师需要做出适当的调整，以确保译文的准确传达和语言的自然表达。

汉语的特点不似英语，有多样的内部形态变化，如动词的时态、语态变化或名词格的变化。在汉语中，词汇的形式通常不会随着语法功能的变化而变化。因此，汉语主要依赖于语序、虚词（如助词、介词、连词等）以及上下文来表达语法关系和句子的意义。例如，汉语中的主谓宾结构是固定的，改变语序可以改变句子的强调焦点或疑问结构。同时，汉语中的时态和语气往往通过时间状语或助词（如“了”“过”“将”“正在”）来表达。此外，汉语中的复数不通过词尾变化来表达，而是通过使用如“们”这种后缀，在人称代词后或上下文中来说明。汉语中的这种表达方式要求表达者对语序和虚词的使用有精确的掌握，以确保句子的清晰和准确。对于学习者来说，理解和运用正确的语序和虚词是掌握汉语表达的关键。在翻译过程中，译者需要注意汉语和英语在表达方式上的差异，通过恰当的转换技巧来传达原文的意义，同时还需注意保持汉语的表达习惯。译者对语言特性的这种敏感度，对于实现流畅、自然的翻译至关重要。

（二）词汇使用

1. 词汇构成

英语词汇构成复杂多样，包括名词短语、动词短语、形容词短语等多种类型。这些短语在语法功能上灵活多变，可以作为主语、谓语、宾语等多种成分来使用。汉语则更侧重于以单音节或多音节的词为基本句法成分，短语用法相对有限。

2. 词义差异

由于历史、文化、社会背景等方面的差异，英汉词汇在词义上往往存在不完全对应的现象。

（三）表达习惯

1. 逻辑顺序

英语在表达时非常注重逻辑顺序和因果关系，这在其句法结构中体现得尤为明显。英语句子之间的逻辑关系通常通过一系列连词（如“and”“but”“or”“therefore”“however”“thus”“hence”等）来明确表达。这些连词充当了句子内部以及句子之间关系的纽带，帮助读者或听者追踪思路，理解论点的发展。英语中的从句结构也常用来展示不同信息之间的逻辑关系，包括原因、结果、条件、让步等。例如，用“because”或“since”来引导原因状语从句，用“so”或“therefore”来引出结果。这些结构有助于英语表达者构建有逻辑的叙述或论证。英语的这种逻辑性要求作者在写作时清晰组织思想，确保每个句子都有明确的位置与功能，从而形成一个连贯、有说服力的文本。在翻译成汉语时，译者需要注意保持原文的逻辑顺序和因果关系，同时还需考虑到汉语的表达习惯，适当地调整语序和连接手段，以确保翻译文本的流畅性和逻辑性。这种对逻辑关系的敏感度和处理能力，对于翻译质量而言至关重要。

在汉语表达中，意合和语境的连贯性是构建句子间逻辑关系的关键。与英语依赖明确的连词和从句结构不同，汉语更倾向于通过上下文的语境和语义的内在联系来体现逻辑关系。汉语句子往往通过主题——评论的结构来组织信息。其中，主题提供背景信息，评论则针对主题进行阐述或解释。在汉语中，句子或短语之间的逻辑关系可能通过上下文中的隐含线索来暗示，如时间、地点、事件的发展等，而不是直接使用连词。这种表达方式要求读者能够根据语境来推断句子之间的联系，理解作者的意图。此外，汉语中的虚词，如助词、介词和语气词，虽然也用于表达一定的逻辑关系，但它们的使用通常更加含蓄，需要结合语境来理解。汉语的这种表达特点使文本更加简洁，但同时也增加了对读者语境解读能力的依赖。在翻译过程中，译者需要在保持原文逻辑性的同时，适应汉语的表达习惯，适当地增加或调整连接词和语境信息，以确保译文的流畅性和逻辑性。这种对语境的敏感度和对语言特性的理解，对于译者实现高质量翻译而言至关重要。

2. 重复与省略

英语在表达中倾向于避免重复，通过使用代词（如“he”“she”“it”“they”）、同义词或者变换句式结构，来实现语言的多样性和流畅性。这种避免重复的倾向有助于保持句子的简洁性，并增加文本的可读性。例如，若一个名词短语在前文中已被提及，那么后文中的句子可能会用相应的代词来替代，以避免冗余。此外，英语中的同义词替换可以丰富语言形式，让表达更加生动。人们在进行翻译或写作时，掌握这种替代技巧对于提高英语表达的自然性和有效性至关重要。

在汉语中，重复使用某个词语或短语是一种常见的修辞手法，用于强调信息或表达情感，如加强语气或渲染氛围。这种有意的重复在汉语诗歌、歌词或日常口语中尤为常见，能够增强语言的表现力和感染力。同时，汉语在表达时也倾向于省略一些成分，尤其是在口语交流中，如主语、助词等，这使句子更加简洁、直接。这种省略在保持语句流畅的同时，也体现了汉语依赖上下文理解的特点。人们在进行翻译或写作时，理解和运用这种重复或省略的技巧，对于传达汉语的韵律美和深层含义非常重要。

（四）文化背景

英汉两种语言的差异不仅体现在语法结构和表达习惯上，还深层次地反映在各自独特的社会、历史和文化背景中。例如，英语中可能包含大量源自基督教传统的表达和习语；而汉语则蕴含着丰富的儒家、道家等哲学思想和传统文化元素。在习俗方面，英语国家的节日、礼仪等在语言中有着特定的表达方式；而汉语中则有春节、中秋节等传统节日的特定词汇和表达。在价值观念上，西方强调个人主义，东方倾向于集体主义，这些价值取向在语言使用中也有所体现。了解这些文化差异对于译者来说至关重要，这不仅能确保译文在语言层面的准确，还能在文化层面保持恰当和敏感。

综上所述，英汉语篇在语法结构、词汇使用、表达习惯以及文化背景等方面都存在显著的差异。这些差异不仅反映了两种语言的特点，也体现了两种文化的独特性和多样性。在跨文化交流和翻译过程中，译者需要充分了解和尊重这些差异，以确保信息的准确传递和理解。

二、英汉语篇的翻译策略

（一）文化适应与转换

1. 深入了解文化背景

在进行翻译之前，译者需要深入了解源语和目标语的文化背景，包括历史、传统、价值观、社会习俗、宗教信仰等。这有助于其准确理解原文中的文化元素，并在译文中进行恰当的处理。

2. 文化转换

文化转换是指，译者根据目标语读者的文化背景和期望，对原文中的文化元素进行转换。这包括替换具有文化特异性的词汇、表达方式和意象，以及调整文本中的文化信息，使其更符合目标语读者的认知和理解。

（二）语言结构与表达方式的调整

1. 语态转换

英语常使用被动语态，而汉语则更多采用主动语态。在翻译过程中，译者需要根据目标语的表达习惯进行语态转换，以确保译文的流畅性和自然性。

2. 句式调整

句式调整是指，译者根据目标语的语法规则和表达习惯，对原文的句式进行调整。例如，将英语中的长句拆分为汉语中的短句，或将汉语中的流水句合并为英语中的复合句等。

3. 修辞手法的运用

在翻译过程中，译者可以运用多种修辞手法来增强译文的表达效果。例如，使用比喻、拟人等修辞手法来描绘景物、表达情感等。

综上所述，跨文化视角下英汉语篇的翻译策略，可以确保译文既忠实于原文的意义，又契合目标语读者的文化背景和阅读习惯[①]。

① 郭文琦．基于跨文化交际视角下英语翻译技巧与方法研究［M］．北京：北京工业大学出版社，2019.

第三章　文化差异与英语翻译教学

在全球化日益加深背景下，文化差异成为英语翻译教学中不可忽视的重要因素。翻译不仅是语言的转换，更是文化的传递与再创造。本章将深入探讨文化差异对英语翻译教学的影响；聚焦于如何在教学中，培养学生的跨文化意识和交际能力，使他们能够跨越文化鸿沟，实现有效沟通；提出提升英语翻译文化适应性的具体策略，帮助学生更好地理解和传达原文的文化内涵，以期构建更加适应全球化时代需求的翻译教学体系。

第一节　文化差异对大学英语翻译教学的影响

在全球化浪潮中，文化差异已成为不可忽视的现实。大学英语翻译教学作为连接不同语言与文化的桥梁，面临的挑战尤为突出。文化差异不仅影响着词汇的精准选择、句式的恰当转换，更深刻地触及翻译作品的文化内涵与情感传达。概括来说，文化差异对翻译教学的影响主要体现为以下两个方面：

一、文化误译

在翻译这座沟通不同文化和语言的桥梁上，文化误译如同一道难以避免的障碍，它挑战着译者的智慧与跨文化能力。文化误译，简而言之，是指在翻译过程中由于文化差异、译者对原文文化理解的偏差或翻译策略的不当运用，导致译文在传达原文文化信息时出现错误或失真。这种误译不仅影响了翻译的准确性和有效性，还可能加深不同文化之间的误解和隔阂。

文化误译的表现形式多种多样，包括但不限于词汇含义的误用、文化意象的扭曲、价值观念的冲突以及社会习俗的误解等。为了减少和避免文化误译，在翻译教学中，教师需特别关注以下几个方面：首先，加强学生对原文文化的深入学习和理解，包括历史、传统、价值观等方面的知识；其次，培养学生的跨文化意识和敏感性，使他们能够敏锐地察觉到不同文化之间的差异和相似之处；再次，引导学生掌握正确的翻译策略和方法，如直译与意译的灵活运用、注释与解释的合理添加等；最后，通过实践训练和案例分析，让学生在实践中不断提升翻译能力和应对文化差异的能力。

综上所述，文化误译是翻译过程中不可避免的现象。然而，通过加强文化学习、培养跨文化意识、掌握正确翻译策略以及加强实践训练等措施，我们可以有效减少其发生频率和影响程度，从而推动翻译事业的健康发展，并促进不同文化之间的交流与理解。

二、翻译空缺

在翻译这一复杂而又精细的语言转换过程中，翻译空缺（Translation Gap）是一个值得深入探讨的现象。翻译空缺，顾名思义，指的是在一种语言中存在，而在另一种语言中无法直接找到对应表达或概念的空白区域。

这种空缺不仅体现在词汇层面，还可能涉及语法结构、文化意象、思维方式等多个维度。

（一）词汇空缺

词汇空缺是翻译空缺中最直观也是最为常见的一种形式。由于不同语言的发展历史、文化背景和社会环境存在差异，许多词汇在一种语言中具有独特的含义和用法，而在另一种语言中可能无法找到与之完全对应的表达。例如，某些地方特色词汇、专业术语等，就常常面临词汇空缺的问题。

（二）语法结构空缺

除词汇差异外，不同语言的语法结构也各不相同，这使翻译过程中可能出现语法结构空缺的情况。例如，英语的时态、语态和从句结构等，在某些语言中并无直接对应的表达方式，甚至表达方式完全不同。因此，译者在翻译时需要灵活调整语法结构，以确保译文的准确性和流畅性。

（三）文化意象空缺

文化意象是语言中蕴含的文化内涵和象征意义。由于不同文化之间存在差异，许多文化意象在一种语言中可能具有深刻的文化意义和联想，而在另一种语言中则可能无法引起相同的共鸣或联想。这种文化意象的空缺给翻译工作带来了极大的挑战，需要译者在翻译过程中进行文化适应和创造性转换。

（四）思维方式空缺

思维方式是文化的重要组成部分，它影响着人们对世界的认知和理解。不同文化之间的思维方式存在差异，这可能导致译者在翻译过程中遇到思维方式空缺的问题。例如，某些语言中的修辞手法和表达方式可能反映了该语言所属文化的独特思维方式，而在另一种语言中则可能难以找到相应的表达方式。因此，译者在翻译时需要充分考虑到不同文化之间的思维方式差异，并灵活调整翻译策略，以适应目标语言读者的认知习惯。

针对翻译空缺问题，译者可以采取多种应对策略。首先，加强文化学习和研究，深入了解原文和目标语言所属文化的异同之处；其次，灵活运用翻译技巧和方法，如直译与意译的结合、注释与解释的运用等；再次，注重翻译实践经验的积累和总结，不断提高自己的翻译能力和跨文化交际能力；最后，保持开放和包容的心态，勇于接受和尝试新的翻译理念和方法，以应对不断变化的翻译需求。

综上所述，翻译空缺是翻译过程中不可避免的现象之一。通过深入研究和探讨翻译空缺的成因、表现形式和应对策略等问题，我们可以更好地理解和应对翻译中的挑战和困难，推动翻译事业的健康发展，促进不同文化之间的交流与理解。

第二节　英语翻译教学中学生跨文化意识和交际能力的培养

一、英语翻译教学中学生跨文化意识的培养

（一）英语翻译教学中培养学生跨文化意识的意义

首先，在英语翻译教学中重视培养学生的跨文化意识，对深化学生对原文的理解具有重要意义。在学生开展英语翻译活动过程中，对原文做出全面、深入的理解，是确保学生对译文做出良好表达的重要前提。相对于普通英语教学中的英语阅读活动而言，英语翻译教学中的原文理解不仅要

求学生能够从语言层面掌握原文传递的信息，还要求学生从文化层面对原文所具有的内涵进行挖掘。因此，在学生跨文化意识不足的情况下，即便他们对原文中的词汇、结构掌握情况良好，也无法依托自身文化知识准确把握原文内涵，而这种情况将直接影响学生的译文表达效果。由此可见，重视培养学生的跨文化意识，对深化学生对原文的理解具有重要意义。

其次，在英语翻译教学中重视培养学生的跨文化意识，对优化学生的译文表达具有重要意义。在学生开展英语翻译活动过程中，学生对译文的表达是在语言和文化层面寻找对等关系的过程。然而，这一过程不能简单等同于源语与目的语在语言结构、词汇等方面的简单转换，否则学生对译文的表达将会徒有其形而难达其意。为此，在指导学生开展英语翻译活动的过程中，必须重视引导学生对不同文化之间的差异，特别是不同文化影响下形成的语言形式差异进行深入了解，并按照目的语的用语习惯，对语言结构、词汇使用等作出优化，从而确保学生在语言层面准确传递源语信息。

（二）学生跨文化意识培养工作的重点

在英语翻译教学工作中，学生跨文化意识培养工作主要包括三项基本内容，即文化平等意识、文化理解意识与文化移情能力。

从文化平等意识培养方面来看，在开展英语翻译的过程中，若学生缺乏文化平等意识，则会出现盲目的文化崇拜或贬低他国文化的倾向，而这两种倾向对学生在英语翻译中的译文表达均有负面影响。事实上，通过语言翻译来推动文化交流是英语翻译工作的重要目标之一。因此，文化平等意识是学生在英语翻译活动中应当具备的基本意识。为此，在英语翻译教学工作中，教师需要引导学生以宽容、平等的态度对待不同文化之间的差异及英语翻译活动，确保学生在求同存异原则的指导下，对我国文化及他国文化做出准确、全面的传递。

从文化理解意识培养方面来看，重视语言教学而忽略文化教学，是我国英语翻译教学中长期存在的问题。而这一问题的存在，对学生跨文化意识的培养有不容忽视的制约作用。随着现代教育理念的发展，文化教学在我国翻译教学中的地位不断提升，这为学生文化理解意识的培养提供了良好的环境。为了提升学生文化理解意识培养成效，教师不仅需要在英语翻译教学过程中重视文化教学，还要重视引导学生使用目的语的语用思维对源语原文进行思考；将目的语受众的语言习惯、思维习惯与文化习惯作为开展英语翻译活动的重要标准；尽量减小学生在英语翻译过程中受到汉语语言、汉语文化思维迁移所带来的负面影响。

从文化移情能力培养方面来看，学生在开展英语翻译活动过程中，需要灵活转变自身所处的文化立场。通过对另一种文化做出深入理解与感悟，有效摆脱母语文化对译文表达带来的影响。而学生所具有的这种能力，就是跨文化意识中所包含的文化移情能力。在引导学生掌握文化移情能力的过程中，教师可通过文化对比教学等教学方式，引导学生充分了解不同文化之间的差异，避免学生受到文化差异的影响而产生文化误读现象。唯有如此，学生才能真正跨越文化带来的障碍，准确传递源语在语言层面、文化层面的内涵[①]。

二、英语翻译教学中学生交际能力的培养

（一）加强对跨文化交流的认识

教学观念的先进与否直接关系到教学效果的好坏。因此，从事英语专业翻译教学的教师应迅速改变自身的教学观念，特别是要重视跨文化交际，

① 田宏标．英语翻译教学中学生跨文化意识的培养［J］．开封教育学院学报，2018，38（9）：90-91.

为英语翻译教学设计科学、合理的教学方案。要使高校英语翻译课程更好地开展跨文化教学，应做好以下三个方面的工作。

第一，坚守文化之间的平等。在教学过程中，教师要对中英两种文化进行恰当的指导，使学生能更好地了解两种文化的差异。第二，在教学中做到目标明确。在教学过程中，教师应根据自身实际情况，适时地将跨文化的教育内容纳入课堂中，让教学更高效的开展。第三，要调动学生的学习积极性。要确保跨文化教学的有效性，就必须注重激发学生对英语文化的兴趣，并让他们利用课余时间进行跨文化知识的学习。在教师的正确引导下，让每位学生对英语文化有更深刻的了解，将有助于提高学生的英语翻译水平，使学生逐渐地参与到跨文化学习中来，并使学生的跨文化意识得到提高。在学习英语翻译的过程中，学生秉持积极向上的态度，能够建立良好的心态，积累更多的英语文化知识，对英语翻译学习也会更有自信，这是提高学生各项能力的基础。

（二）建立多元化的翻译课堂

通过对高校英语翻译教学的现状进行分析，可以发现，许多老师在教学中采用“单向”教学的方式，难以激发学生的学习积极性和主动性。为了更好地发挥英语翻译和英语文化等方面的主体性，教师必须改变自身的教学方式，注重建立多元化的翻译课堂，同时还要注重培养学生的思维和表达能力。学生回答问题后，教师要仔细分析学生的回答，鼓励学生进行更深层次的思考，使学生更好地理解课堂所讲的内容，维持学生的学习兴趣，从而提升学生英语翻译水平，确保跨文化教育的顺利进行。例如，在汉语中常有“雨后春笋”这样的习语，在英语中人们往往会用“Spring up like mushrooms”来表示“春意盎然的菌类在田野上茁壮成长”。为提升学生的英语翻译能力，教师应指导学生分析英语文化，并在教学过程中强化跨文化交际能力的培养。学生的跨文化意识的增强，不仅能反映出英语翻译的客观性，还能改变传统机械式翻译的状况。学生只有深入了解不同的文化背景，其英语翻译能力才会得到进一步的提高。

（三）丰富跨文化交流的教学内容

高校英语翻译教学由于受到英语翻译课本的限制，其教学内容十分单一。因此，在开展跨文化教育时，往往只是将英语文化知识与课本内容相结合，以达到提高学生跨文化能力的目的。然而，这种方式过于松散、缺乏条理，不利于学生通过英语学习来提高自身的跨文化的交际和交流能力。对于教师而言，须尽快充实英语翻译课程，并在现有课程中融入更多跨文化知识。如此才能确保学生既能准确完成英语翻译任务，又能获得英语文化知识。

第一，高校教师可以参考英语文化相关文献，在网上收集、整理如英语文化史等英语文化方面的 MOOC 视频。因此，在英语课堂上，教师应积极运用跨文化教学资源，将其直接传递给学生，以便学生能在课堂外更好地开展英语自主学习。第二，在英语教学中，教师可以在课堂中导入跨文化对话、英美国家的学习经验以及英语国家的历史资料，为跨文化翻译提供必要的素材。在英语翻译课上，教师要充分运用语言材料，让学生明白一定的交际需求需与特定环境相适应。在教师的引导下，学生可以从跨文化的视角出发，从不同角度理解和使用不同的英语文化，进而提高自身的英语翻译水平和跨文化理解水平。第三，教师应积极向学生推荐各类高质量的英语阅读材料，使高校英语翻译的教学由课堂逐渐扩展到校外。学生可以在课余时间进行大量的课外阅读，从而加深对英语文化的理解①。

---

① 王江安．中西文化差异下大学英语教学中英美文学作品翻译［J］．福建茶叶，2020，42（3）：388-389.

（四）加强教师的跨文化教学能力

为确保高校英语翻译教学的有效开展，教师应认识到提高自身业务素质的重要性。作为教师，不仅要有深厚的英语翻译基础，还要具备宽广的文化视野和深厚的文化底蕴，树立跨文化教育观念，灵活运用各种不同的跨文化教育方式。各高校应加大对英语翻译专业人才的培养力度，加强针对不同文化背景的外语教学，并定期邀请不同文化背景的专家和学者来学校进行专题培训和讲座，让教师掌握不同文化的相关知识，从而全面提升针对学生的跨文化教学水平。在高校英语翻译教学中，应适且审慎地引入外教，以保证跨文化教学和教研工作的顺利开展。为了使跨文化教学更加科学、有效，高校需将学生置身于具有不同文化背景的英语翻译教学情境中，使学生能够全面把握汉语文化与英语文化的差别，深化对其文化内涵的了解，培养学生具有宽容、开阔的文化思维。高校英语教师应树立“终身学习”的理念，积极地认识和学习英语文化，并将英语文化融入英语翻译教学中。

综上所述，高校英语翻译课对老师的要求越来越高。为了提升学生的语言能力，教师必须在课堂上融入跨文化观念，增强学生的跨文化意识，使他们具备较强的英语文化知识，并在课堂上教授翻译技能。高校英语教师在进行翻译教学时，要树立跨文化翻译的理念，尊重学生的主体性，使学生在翻译过程中树立“文化平等”的理念；要不断创新英语翻译的教学方式，坚持跨文化培养原则。唯有如此，才能更好地培养学生的跨文化交际能力①。

---

① 李明豪．英语专业翻译教学中培养跨文化交际能力的教育现状及策略［J］．山西青年，2024（1）：132-134.

第三节 英语翻译中文化适应性的提升策略

在信息传播速度极快、大众传媒不断崛起的背景下，翻译作为传达信息的重要工具之一，在社会中的需求量越来越大。目前，翻译不只是一种用于转换语言的技术，还是一种改变语言形式的方法，即用一种文化诠释另一种文化。由于中西方在思维、风俗、语言、精神、文化等各个方面存在显著差异，会导致文化在传播的过程中出现信息错误或产生偏差，从而造成误解。因此，在文化视角下，英语翻译中的文化适应性尤为重要。

一、英语翻译与文化适应性的关系

（一）文化适应性理论

在文化翻译过程中，文化适应性是一个非常重要的理念，是判断译文水平的重要标准。文化适应性指的是对文化内涵与文化意义的精准把握，它能让读者更好地接纳与理解异文化。增强对方对语言的理解程度，可以使译文以更亲和的方式呈现给对方。也就是说，译者可以精准掌握原语言所包含的文化、内涵或精神等，从读者的审美角度出发，更好地将信息展现出来。因此，译者在翻译过程中，一定要掌握各地区之间的文化差异，要将文化适应性牢牢记在心中；要熟悉不同国家间的文化，运用综合思想与分析思维，深入了解双方语言。如此，才能更好地展现文化自信，将译文恰当地呈现出来，达到对方期望的效果，使其获取所需信息。

（二）文化适应性在英语翻译中的应用

在经济全球化背景下，文化的适应性在英语翻译中越发重要，它成为国际沟通的重要桥梁，尤其在国际贸易中发挥着关键作用。由于英语和汉语在语言习惯、文化背景等方面存在较大差异，译者在翻译过程中需高度重视文化适应性。一般情况下，文化适应性问题主要体现在广告、新闻等翻译领域。例如，在翻译广告时，应使句子优美、简洁、新颖且令人印象深刻，以充分展示商品的功能。译者在翻译过程中，可以采用多种翻译方式，让译文更契合中国人的文化及语言表达形式，做到句子简练却意蕴丰富。

二、英语翻译中文化适应性提升策略

（一）创新英语翻译教学方法

教师在英语翻译课程教学中，要改变以往的教学方法，根据学生的不同学习状况来激发学生对英语翻译的兴趣；培养学生自主学习的习惯，激发学生对学习的热情。在翻译教学课程中，要确保学生是课堂的主体。教师应根据学生的不同情况，因材施教；运用不同的教学内容，将社会中的流行事件及新闻等引入课堂。

英语翻译是一个较为复杂的过程，主要涉及信息的输出和输入，译者需要深入了解所要翻译的内容，以便在运用时能准确有效地显现。因此，译者要对译文的文化及语境有所了解，思考采用何种方式可以将其更加准确地展现出来。在这个过程中，表达方法极为重要。若译者对译文缺乏深入了解，无法很好地掌握词汇运用，且文化知识储备不足，就可能在翻译过程中因词穷而出错。英语翻译教师在教学中，要加强学生之间的相互沟通与交流，激发学生对英文翻译的兴趣。同时，要加强学生对不同国家和地区文化的了解，使其理解国际及区域文化差异。在课堂上，教师可以让学生进行分组学习，凸显学生的课堂主体地位；遇到重点知识或内容时，引导学生在课堂上讨论交流，让其看到自身的不足之处与优势所在。如此，能更好地提升学生对英语的运用与翻译能力。

（二）注意把握中西方文化差异

在进行英语翻译时，译者通常会忽视文化的适应性。文化的适应性并非拒绝与其他语言进行学习沟通，而是不能全部照搬其他文化。基于文化适应性，需对文化加以创新。为了避免在翻译过程中出现尴尬情况，译者要对翻译中的常见难题展开研究与分析，精准地把握在不同文化风俗习惯等情形下，如何更好地传达信息，以实现更好的沟通效果，让对方更顺利地接纳自己的翻译内容。

受不同文化影响，中西方在价值观念、行为方式、思维模式等方面存在差异。在古代，儒家思想在我国占据极为重要的地位，对我国的社会发展产生了深远影响。直至今日，儒家思想仍在我们的社会生活中发挥着巨大作用。儒家思想中的“仁、义、礼、智、信”，被人们作为行为道德的标准，引导人们注意自己的行为举止。在我国，人与人一直秉持谦虚的态度，这也正是儒家思想中的“中庸之道”，即坚持把谦虚作为一种美誉，把虚心作为自己的本分；不能将个人利益放在集体利益之上，要有团结精神。然而，因西方受到文艺复兴的影响，人们推崇以个人为中心，奉行个人利益至上原则。在社会生活中，人们都竭尽全力地展现自我；他们对强者有一种敬畏精神，崇尚英雄，形成一种个体文化；他们特别注重细微曲折分析式思想。在我国，家庭和睦非常重要。在西方，人们推崇自立自强思想，独自外出打拼去实现自己的追求，晚辈和长辈处于平等地位，以朋友的方式相处。中西方在语言文化上也存在很大差异，往往相同的单词表达的意思却不同。例如，“old”这个单词在我国被翻译成“年老的”，通常用来表示对长辈的尊称。在我国，年纪越大，经历越丰富，资历也越深，也越受人们尊敬。在很多人眼中，长辈不仅象征着智慧，更象征着威望。然而，在西方人们却认为“old”这个词是不符合社会潮流的意思，表示已经过时。单词“magpie”在汉语中是喜鹊。在我国，喜鹊象征着美好事物的发生。然而，在英文中，这个词则通常被用来说成是“饶舌”。在英文翻译中，这类例子还有很多，这是中西方文化异导致的翻译错误。因此，译者要深入研究中西方文化之间的差别。在开展翻译工作时，译者要灵活运用翻译方法，尽可能减少此类错误，才能将译文的原意传达给更多人。

（三）不断提升英语专业教师自身综合素养

英语教师的综合素质与专业能力在很大程度上对学生学习英语翻译有着重要的影响。英语教师要不断强化自身训练，提高专业能力与综合素质，以便更好地为学生传授英文翻译知识。在教学过程中，英语教师要能够运用更多教学方法引导学生进行英文翻译学习；在传统教学方式的基础上进行创造与改进，形成自己独有的教学方法。提高教师的综合素质与能力需要一定时间，无法在短时间内打造一支强大的教师队伍。要根据教师的自身情况，结合文化状况，不断引导教师改进教学方法，从而逐渐提高教学水平。英语教师在英语翻译课程中要注重培养学生的文化知识，指导学生注意翻译文本中蕴含有关文化的内容。教师的教学方法要符合现代教育的需求，根据学生的兴趣爱好来制定符合他们自身的教学方法。这样不仅可以提高学生对英文翻译的兴趣，还有利于英语文化的发展。英语教师应及时有效地掌握教育信息，借助互联网技术的优势，改进教学方式与教学内容，提高英语翻译与课程的教学水平，以保证其教学质量。

（四）灵活运用英语翻译技巧

翻译是不同语言、不同文化之间的交流。因此，译者要深入掌握各地区的语言与文化知识，不违反文化适应性准则。译者在翻译过程中，当遇到一个单词有两种甚至多种意思时，面对的并非仅仅是一个单词，而是两种文化。只有遵守文化适应性准则并采用合理的翻译方式，才能够确保所传达出来的语言，在质量与效率上令他人满意。英文翻译可采用以下技巧：

第一，直译法。由于不同国家之间的沟通日益频繁，世界各国都在学习外来文化。因此，很多原本有区域色彩的词，在目的语中并无对应的词语，此时需要运用直译的方法来传达语言。采用这种方式可以让这些词语更好地被他人所接受，最终使语言能得到更大范围的推广。

第二，加注法。受各地区文化差异的影响，翻译过程中存在一些词语，其含义与目的语中的对应含义完全不同，导致在目的语上存在空缺。此时可采用加注法。加注法还分为“音译加注法”与“直译加注法”。

第三，归化法。该方法是将一种文化中的不同内容转换为目的语读者较为熟悉的新的文化内容，以目的语为主要载体，以便更好地展现给读者，增进读者对其的理解。归化法是由于源语言文化特点致使目的语读者难以理解其意思时，通常采用的一种翻译方法。它借助目的语中与之相似的且富有自身丰厚文化内涵的表达形式，将语言进行归化处理。若运用这一方法，能让读者感受到各不相同直接的翻译，使句子的表达更贴近读者，从而更容易让读者接纳与理解。

不同国家或地区使用的语言各不相同。在漫长的历史发展进程中，语言也被赋予了不同的、丰厚的文化韵味。然而，文化差异成为翻译工作中的一大难题，这对译者也提出了更高的要求。面对不同文化，译者要秉持求同存异的态度，学习其他文化中优秀的部分并加以创新，而不仅仅局限于本国文化。因此，在文化适应性原则的基础上，译者运用灵活的方式引入其他国家的优秀文化，对国际间的沟通发挥着积极作用；选择恰当的翻译方法，确保译语与原语的地位对等，从而促进世界文化的交流①。

① 赵媛媛，刘艳茹．英语翻译中的文化适应性提升策略探析［J］．文化创新比较研究，2022，6（20）：36-39.

第四章　英汉动植物文化对比与翻译

英汉动植物文化差异体现在多个层面，包括语言、文化习俗，以及文学和艺术表现等。这就要求人们在相关语言运用过程中认真分析，尊重不同文化，从而更好地传播中西方文化。本章着重探讨英汉动植物文化之间的差异以及相应的翻译策略。

第一节　英汉动物文化对比与翻译

一、英汉动物文化对比

英汉民族分属不同的文明体系，英语民族属于海洋文明，我国属于黄土文明[①]。英汉动物文化对比是一个涉及语言、文化和认知的有趣领域。在不同的文化中，动物往往被赋予不同的意义与象征。

① 曾宇钧．基于英汉语言文化对比的翻译研究［M］．北京：中国原子能出版社，2021.

（一）影响英汉动物词汇文化差异的因素

英汉两个民族有着各自不同的历史发展进程，从而形成了不同的历史文化。各自不同的地理环境、风俗习惯、价值取向、宗教信仰等，又造成了两种文化之间的差异。不同民族按照自己的思维规律、认识方法、知识程度、生活习俗和道德标准对动物进行联想，并赋予他们不同的文化功能，致使动物词语蕴含着各自不同的文化内涵。英汉两民族长期生活在不同的文化背景中，而社会文化又无时无刻影响着人的观念、思维及想象。最终，人们对同一动物词汇自然就会产生不同的联想，赋予动物词汇以更丰富的文化内涵。

首先，从地理环境方面来看，英汉两种文化的民族生活在不同的地理环境中。因此，某些动物对于中国人而言非常熟悉，而对英语文化背景下的人们来说却很陌生，甚至从未见过；反之，亦是如此。于是，英汉两个民族就将与其生活息息相关的动物，赋予了各自不同的文化内涵和寓意。

其次，审美价值取向和社会心理的不同会造成同一动物词语在中英两种文化中产生不同的含义，这与英汉两个民族对某些动物的好恶有关。喜欢或欣赏某种动物，则相对应的动物所蕴含的文化内涵就会向褒义方向发展；反之，其文化内涵则会向贬义方向发展。

最后，从文化历史角度来看，发源于古希腊神话的西方文化和以古中国文化为主流的东方文化是世界上最为丰富、最为完整和影响最为广泛的两个文化体系。经过千百年的积淀，这两种文化体系发展出了各自的文化特色。古希腊的神话传说和寓言故事就是整个西方文明的基础。此外，宗教被大多数国家认为是一个民族文化的核心。在西方，宗教文化在社会生活中起着支配作用，并无形地影响着人们的认知方式。基督教文化是西方社会文化生活的主流文化，对动物词语的文化内涵有着极其深远的影响。

一般来说，在特定的生活环境中会形成特定的文化背景，而不同的文化背景又会影响动物词汇所蕴含的文化内涵。

（二）英汉动物文化的宏观对比

1. 动物象征意义的差异

在英汉文化中，动物的象征意义差异显著，这些差异往往根植于各自的历史、宗教、神话和传统习俗中。以龙为例，它在中国文化中的地位极为崇高，被视为吉祥的象征，代表着皇权、力量和智慧。龙的形象在节日庆典、建筑装饰和艺术作品中随处可见。而在西方文化中，龙则常常被描绘为邪恶的生物，它们守护着宝藏，与骑士和英雄相对抗，象征着贪婪和破坏。另一个例子是猫头鹰，在西方文化中，猫头鹰通常与智慧和神秘知识联系在一起，古希腊神话中的雅典娜女神就常伴猫头鹰。然而，在中国文化中，猫头鹰的形象并不总是积极的，有时甚至被认为是不吉利的预兆。兔子在两种文化中的象征意义也有所不同。在中国文化中，兔子常与月亮联系在一起，象征着美丽和纯洁。而在西方文化中，兔子则常常与复活节联系在一起，代表着新生和繁殖。不过，随着文化交流的加深，这种差异正在逐渐缩小。

这些象征意义的差异反映了英汉文化在价值观、世界观和认知方式上的差异。通过理解这些差异，我们可以更好地欣赏和尊重不同文化的独特性，同时也能够在跨文化交流中避免误解和冲突。

2. 动物在成语和习语中的使用

英汉两种语言中包含动物的成语和习语数量众多，它们不仅丰富了语言的表达，还深刻反映了各自文化的特点和价值观。这些成语和习语往往源于古代的寓言、神话、历史事件或社会现象。随着时间的推移，它们逐渐演变成具有特定含义的固定表达。

在汉语中，动物成语常常与历史故事或道德教诲相关。例如，“画蛇添足”源自一个古代故事，告诫人们不要做多余的事情；“杯弓蛇影”则形容因疑虑而引起的恐慌。这些成语体现了中国文化中对于谨慎、谦逊和自知之明的重视。英语中的动物习语同样蕴含着深厚的文化背景。如“a wolf in sheep's clothing”（披着羊皮的狼）意味着某人表面温和，实则心怀不轨；“kill two birds with one stone”（一石二鸟）则鼓励人们寻找一举两得的解决方案。这些习语反映了西方文化中的实用主义和对效率的追求。除了上述例子，还有许多其他英汉动物成语和习语，如汉语中的“对牛弹琴”（比喻对不懂道理的人讲道理，白费口舌），英语中的“the elephant in the room”（房间里的大象，指显而易见却被忽略的问题）。

这些成语和习语的存在不仅为语言学习者提供了了解和学习目标文化的机会，也为跨文化交流提供了丰富的素材。通过学习和使用这些表达，人们可以更深入地理解不同文化的价值观念和思维方式，从而促进彼此相互理解和尊重。同时，这些生动的表达也增加了语言的趣味性和表现力，使得语言交流更加生动和富有色彩。

3. 动物在文学和艺术中的表现

在英汉文化中，文学和艺术作品通过动物形象的运用，展现了丰富多彩的主题和情感。这些动物形象不仅增添了作品的艺术魅力，也反映了各自文化的独特视角和价值观念。

在中国古典文学中，动物形象常常与神话传说和民间故事紧密相连，它们往往具有超自然的力量和深刻的寓意。例如，《西游记》中的孙悟空，作为一只具有七十二变能力的猴子，他的形象代表了机智、勇敢和反叛精神。他不仅是中国文化中的英雄形象，也象征着对自由和正义的追求。再如《封神演义》中的各种神兽，它们的形象和能力反映了人们对自然力量的敬畏和想象。

英国文学中的动物形象则常常体现出对现实社会的深刻反思和批判。乔治·奥威尔（George Orwell）的《动物庄园》通过动物起义和建立自己政府的故事，讽刺了苏联的共产主义革命和斯大林主义的极权统治。在这部作品中，动物形象被赋予了人类的特征和社会角色，通过它们的互动和冲突，揭示了权力腐败和革命理想变质的主题。此外，英国文学中还有许多以动物为主角的作品，如肯尼斯·格雷厄姆（Kenneth Grahame）的《柳林风声》等，这些作品通过动物的视角展现了友谊、冒险和成长的温馨故事。这些动物形象通常具有人性化的特点，它们的行为和情感能够引起读者的共鸣。

在艺术领域，英汉文化中也有许多以动物为主题的作品。中国传统绘画中的花鸟画，常常将动物与自然景观相结合，通过细腻的笔触和生动的形象传达出和谐与平衡的美学理念。而西方艺术中的动物绘画，如乔治·斯塔布斯（George Stubbs）有关马的画作，注重对动物形态和动态的精确描绘，展现了对自然世界的深入观察和科学精神。

综上所述，英汉文化中的文学和艺术作品通过动物形象的运用，不仅丰富了叙事和表现手法，也提供了对人类社会、自然世界和文化价值观的深刻洞察。这些作品跨越时间和空间，成为不同文化之间沟通和理解的桥梁。

4. 动物在宗教和神话中的角色

在宗教和神话传说中，动物的象征意义和角色是多样且深刻的，它们在不同文化中承载着丰富的精神和文化价值。

十二生肖是用来代表年份的十二种动物①。中国文化中的十二生肖不仅与个人的性格和命运相关联，还与民间传统、节日庆典以及人们的日常生

① 徐林．一本书学会好句好段［M］．北京：华语教学出版社，2019.

活紧密相连。每个生肖年都具有特定的意义，人们相信这会影响那一年的运势和事件的发展。此外，生肖动物在艺术、文学作品中的形象也反映了人们对它们特性的认知和想象。

在基督教文化中，羔羊的象征意义远不止纯洁和牺牲。在《圣经》中，羔羊也常被用来代表上帝的子民，以及耶稣作为救世主的角色。例如，在《启示录》中，羔羊站在宝座前，象征着神的审判和救赎。除了十二生肖和羔羊，其他动物在不同宗教和神话中也扮演着关键角色。例如，在印度教中，牛被尊为神圣的动物，尤其是白色的瘤牛象征着财富、繁荣和神圣的力量。而在古埃及宗教中，猫、鳄鱼、鹰等动物都被赋予了神性，成为人们崇拜的对象。

在古希腊神话中，动物也常常与神祇联系在一起。例如，宙斯可以变成公牛或鹰，而阿波罗则常与乌鸦和天鹅联系在一起。这些动物不仅是神的化身，也是神与人类沟通的媒介。在一些原住民文化和部落社会中，动物图腾崇拜是一种重要的文化现象。部落成员认为自己与特定的动物有着血缘或精神上的联系，这些动物图腾成为部落的象征和保护神。在现代文化中，动物在宗教和神话传说中的角色也不断被重新诠释和创新。例如，现代奇幻文学和影视作品中的动物形象，如《哈利·波特》系列中的凤凰和《指环王》中的鹰，都是古老神话中动物形象的现代变体。

动物在宗教和神话传说中的重要性，不仅体现了人类对自然界的敬畏和尊重，也反映了人类试图通过动物来理解和解释周围的世界。这些动物形象和故事，跨越了时间和空间，成为人类共同的文化遗产和精神财富。

5. 动物与社会价值观的关联

在英汉文化中，对动物的态度和看法反映了各自的社会价值观和历史传统。这些态度和看法随着时间和社会的发展而演变，根植于各自的文化土壤中。

在西方文化中，狗被普遍认为是人类的忠实伙伴，在家庭中占据重要的地位。它们不仅是宠物，还扮演着导盲犬、搜救犬、治疗犬等特殊角色，体现出狗在西方社会中的多功能性和重要性。西方文化中的许多故事和电影，如《忠犬八公的故事》就强调了狗的忠诚、智慧和情感深度。相较之下，中国对狗的态度有着不同的历史背景。在中国古代，狗在农业社会中扮演着看家护院和狩猎的实用角色。然而，随着社会的发展和文化的变迁，现代中国社会对狗的看法也在逐渐转变。越来越多的人将狗作为家庭宠物来饲养，对动物权益的认识也在提高，宠物狗的待遇和地位越来越接近西方社会。此外，英汉文化中对其他动物的态度也有所不同。例如，猫在西方文化中通常被视为独立和优雅的象征。而在中国，猫虽然也受到许多人的喜爱，但并没有像在西方那样被赋予那么多的文化象征意义。在对待野生动物方面，英汉文化同样展现出不同的价值观。在西方，许多动物保护组织积极倡导保护野生动物和它们的栖息地，反映了其对自然环境保护的重视。而在中国，随着生态保护意识的增强，保护野生动物也日益受到重视，政府和民间组织都在努力改善野生动物的生存状况。

（三）英汉动物文化的具体对比

1. 文化内涵相似的动物

中英互译过程中，由于中外文化背景、地方习语、历史典故的不同，往往会赋予这些动物不同的含义[①]。基于人类语言与文化以及思维方面的些许相似性，中西方民族对少数动物的文化认知存在相似或相同的共性。

（1）猪（pig）。猪在中国文化中具有憨厚、可爱的特点。它不仅能为人们带来经济上的富足，同时，由于它憨态可掬的富态形象，在中国民间

① 张娇，尤莉．英汉动物名词比较与翻译［J］．西部皮革，2020，42（6）：151-152.

还成为财富的象征。然而，在中国文化中，猪由于其贪吃、贪睡、邋遢以及肥胖的形象，它还是“馋”“懒”“笨”的代名词。

在西方文化中，pig 的文化内涵较为负面，即肮脏贪婪、好吃懒做。因此，在西方文化中，许多与猪有关的语句也常常含有贬义。例如：

傲慢的家伙　Arrogant pig

别那么讨厌　Don’t be such a pig

这地方又脏又乱，跟猪圈一样　This place is pigsty

（2）蛇（snake）。在不同文化背景下，蛇通常被赋予负面的象征意义，代表着邪恶、狡诈和不信任。在东方，尤其是中国的传统观念里，蛇常常与有害的事物相提并论，如“地头蛇”“毒如蛇蝎”等成语，都反映了人们对蛇的负面看法。而在西方，蛇的形象同样带有负面色彩，圣经中描述了夏娃受到蛇的诱惑而偷食禁果，从而使人类背负了原罪。这使蛇在西方文化中成为恶魔与邪恶的化身，它也常被用来描述那些阴险、冷酷或不忠诚的人。在英语中，与蛇相关的表达往往带有贬义，如“warm a snake in one’s bosom”与中国古代的“农夫和蛇”寓言故事有着相似的寓意，意指对敌人的仁慈最终会给自己带来灾难，相当于汉语中的“养虎为患”等成语的意思。

（3）狐狸（fox）。在各种文化背景下，狐狸普遍被看作狡诈和诡计的化身，它的形象通常带有负面含义。无论是在东方还是西方，狐狸都被认为是多疑且善于欺骗的动物。在中文里，许多成语如“狐假虎威”“狐朋狗友”等都带有贬义色彩，反映了人们对狐狸的不信任和警惕。而在英文中，“fox”一词同样带有狡猾和欺诈的意味，常用来描述那些狡猾且善于使用诡计的人。这些文化中的表达共同描绘了狐狸作为一个普遍的负面象征。例如：

像狐狸一样狡猾 As sly as a fox

行为狡猾 Play the fox

老狐狸不会轻易被捉住 An old fox is not easily snared

2. 文化内涵不同的动物

由于地理位置、历史背景和社会习惯的差异，东西方民族形成了各自独特的文化。在这些特定的文化背景下，不同的民族对同一种动物有着截然不同的联想和文化意义。这种差异反映了文化多样性，以及不同文化如何根据其独特的视角和价值观来解读自然界的现象。

（1）龙（dragon）。龙在中华文化中的象征意义是多层次且深远的。它不仅代表着权力和尊贵，还蕴含着深厚的哲学思想和宗教信仰。在古代中国，龙与阴阳五行相结合，象征着自然界的变化和生命力，是道教中掌管雨水和水域的神灵，对农业生产和人民生活具有重要影响。龙的形象在艺术领域中无处不在，无论是绘画、雕塑还是建筑装饰，都展现了中国艺术的丰富性和创造力。在节日庆典中，如春节和端午节，龙的形象通过舞龙和赛龙舟等活动，成为社区团结和文化传承的重要载体。在文学和传说中，龙的故事如《白蛇传》和《西游记》中的龙王，展现了龙在中国文化中的多样性和深远影响。龙的象征意义也深刻影响了中国人的价值观和社会行为，如领导力、决断力、智慧和好运。随着中国文化的传播，龙的形象也成为中国在国际上的象征，代表着中国文化的深厚底蕴和独特魅力。在现代社会，龙的形象和象征意义继续在各种文化产品和活动中得到传承和创新，成为连接过去与未来的文化纽带。在西方文化中，龙的形象与邪恶紧密相连，被视为不祥和危险的象征。与东方文化中龙的积极形象形成鲜明对比。西方的龙通常被描绘为拥有破坏力的生物，代表着黑暗和恐惧。在现代英语中，“dragon”一词常用于形容那些性格强硬、难以对付的人。西方文化中对龙的这种负面看法，源自古老的神话传说和宗教故事，其中龙常常是英雄必须战胜的敌人。这种文化差异反映了不同文化背景下，人们对同一象征物的不同解读和情感投射。

（2）凤凰（phoenix）。在中国古代神话传说中，凤凰被尊崇为掌管风雨的神圣生物，同时也是所有鸟类的领袖。古代人相信，凤凰的降临预示着吉祥和好运。在汉语中，成语“凤毛麟角”用来形容极其罕见且宝贵的人或物。此外，凤凰也代表着人间的美德和忠贞的爱情。在西方神话中，phoenix 被视作太阳神的圣鸟，拥有 500 年的寿命。当它的生命周期接近尾声时，phoenix 会为自己搭建一个火葬堆，将自己焚烧为灰烬。随后，从这些灰烬中，一只新的 phoenix 将诞生，象征着重生和不朽。在西方文化中，phoenix 的形象常被用来代表消逝与再生，以及永恒不灭的生命循环。

（3）孔雀（peacock）。动物在人类的发展史上扮演着十分重要的角色。中西方由于自身的民族差异性，在对待动物的情感以及联想意义上存在差异①。在中国文化中，孔雀自古就被认为是一种美丽、吉祥的大鸟。中国人认为孔雀开屏是喜庆吉祥的象征，因此人们常用孔雀比喻美丽的人或事物。在中国古代有“孔雀东南飞”的爱情故事；舞蹈家杨丽萍因跳孔雀舞而出名，被誉为“孔雀公主”，她所表演的孔雀舞令人赞叹不已。

然而，孔雀由于其美丽的外表，在西方文化中被赋予骄傲、虚荣、炫耀以及得意洋洋的含义。尤其是它行走时昂首阔步，目中无人的样子，以及开屏时头冠频频摆动，以此来炫耀自己的美丽。因此，在西方文化中，peacock 常常带有贬义。因为西方人往往忽略了孔雀美丽的一面，只强调它骄傲的一面，所以英美人在形容一个人骄傲、狂妄、爱虚荣时，常常会说

① 朱丽丽．英汉文化差异视角下的动物文化及其翻译［J］．文化创新比较研究，2021，5（31）：155-158.

“He is as proud as a peacock”（他像孔雀一样骄傲）。可见，孔雀在中西方人心目中的文化内涵大不相同。

3. 具有相同文化内涵的动物

人类世界的多样性不仅源于人类文化的差异性，同时也源于人类文化的趋同性。由于中西方民族文化的差异性，同一种动物在不同的文化中具有不同的文化内涵。然而，也正是基于这种民族文化的差异性，在中西方文化中，少数截然不同的动物却具有相同或相似的文化内涵。

（1）老虎（tiger）和狮子（lion）。在汉语文化中，老虎是“百兽之王”，是健壮有力、勇猛威武、果敢大胆的象征。中国人常借用老虎来助威驱邪，保佑平安。因此，虎的勇猛形象自然就成为英勇作战将士们的象征。汉语中常用“虎将”“将门虎子”等来形容骁勇善战、横扫千军的常胜将军，“如虎添翼”“虎踞龙盘”“虎虎生威”等词语表达了中国人对老虎的敬畏与崇拜。在西方文化中，其百兽之王并非老虎（tigcr），而是狮子（lion）。在英语里，lion 是勇敢、凶猛和威严的象征。英语中 lion 的文化内涵与汉语中老虎的文化内涵是相同的。因此，译者在处理涉及这类文化问题的翻译时，应做出相关调整。

（2）牛（bull）和马（horse）。在中国古代，牛是人们最重要的劳动力，人们主要靠牛来耕作。因此，在汉语文化中，牛是勤劳、坚韧、吃苦耐劳、任劳任怨，以及力大无穷的象征。汉语中的“老黄牛”“孺子牛”等常用来形容牛的优秀品质①。

英国是群岛国家，自古以来，英国人主要依靠马进行耕作、运输以及征战等活动。马在西方人心目中成为力大无穷、吃苦耐劳的象征，因而深

① 朱丽丽. 英汉文化差异视角下的动物文化及其翻译［J］. 文化创新比较研究，2021，5（31）：155-158.

受西方人喜爱。

二、英汉动物文化的翻译

（一）直译法

当英汉动物词汇的表达形式和文化内涵一致时，即英汉语中的动物词汇在描述事物性质或人物品质方面相同，且形象意义也相同时，译者可保留原文的动物形象进行直译。例如：

对牛弹琴 To play the lute to a cow

像狗一样忠诚 As faithful as a dog

吠犬不咬人 Barking dogs do not bite

（二）意译法

当英汉语中动物词汇所表达的意义与形象不同，且无法通过改变动物形象进行套译时，译者可舍弃原来的动物形象进行意译。例如：

大亨 Big fish

同类不相残 Dog does not eat dog

下着倾盆大雨 It rains cats and dogs

（三）套译法

当汉英两种语言中的动物词汇不同，但表达的形象意义和文化内涵一致时，译者可采用译语中含有相同动物形象的词汇来替换，这就是套译法。例如：

对牛弹琴 To cast pearls before swine

引狼入室 To set a fox to keep one's geese

一箭双雕 To kill two birds with one stone

（四）直译法加补充说明法

直译法可以保留源语生动的比喻。而在补充解释的帮助下，不同文化间的障碍得以消解，这有利于跨文化交际。同时，该方法还能丰富本土语言，促进本土语言的发展。据此，以下短语或句子可翻译为：

鳄鱼的眼泪——假慈悲　to shed crocodile tears

塞得像沙丁鱼罐头一样——拥挤不堪　It was packed like sardine

教狗怎么叫——多此一举　Teach the dog to bark

（五）等效替换法

等效替换法指在保留原文交际意义的基础上，用目的语中某个概念意义不同但文化意义相近词语替换原文词语的方法，即用目的语中带有文化色彩的词语取代源语中带有文化色彩的词，采用能传达与源语表达等效意义的目的语表达方式。等效替换法可以用于不同的动物词汇表达相同的文化内涵的情形。也就是说，当两种语言中的动物词汇不同但喻义相同时，译者可以在目的语中找到相对应的动物词汇进行替换。如此才能消除文化差异带来的交流障碍。例如：

鸡皮疙瘩　Goose bump

狐假虎威　Ass in the lion's skin

瓮中之鳖　A rat in a hole

（六）内涵意义法

随着语言的不断发展，许多带有动物词汇的短语或句子，其所用比喻已不能唤起目的语读者的想象，或在目的语中很难找出与之对应且有相同文化内涵的动物名称时，译者就要舍弃原有的动物名称，灵活地取其比喻义，译出这些短语成句子想要表达的意义即可。例如：

在小事上瞎忙乎　As fussy as a hen with one chick

十分狡猾　As cunning as a dead pig

非常快活　As merry as a cricket

第二节　英汉植物文化对比与翻译

一、英汉植物文化对比

（一）相同植物词汇表示相似的文化内涵

1. 玫瑰（rose）

植物在人们的生产和生活中扮演着重要的角色[①]。在英汉语言中，玫瑰（rose）均象征着爱情与美丽，堪称相同植物词汇具备相同文化内涵的典型示例。尽管如此，在汉语文化里，玫瑰象征爱情主要受英语文化影响，毕竟玫瑰对汉民族而言属于外来物种。而 rose 在西方国家则是一种十分常见的花。

虽然汉语中对玫瑰的描述并不多见，不过我们仍能从一些文学作品或诗句中略知一二。例如，《红楼梦》的作者曹雪芹在描写探春的美丽形象与性格时，就用到了玫瑰这一意象。

在英语文学中，玫瑰（rose）常被视作爱情的象征，在众多诗歌中都能找到以玫瑰赞颂爱情的佳句。例如，苏格兰诗人罗伯特·彭斯的名句“My love’s a red red rose”便是以玫瑰比喻爱人的典范。此外，当玫瑰与百合并

---

① 王银平．英汉植物隐喻的普遍性与文化差异性［J］．陕西广播电视大学学报，2021，23（1）：52-56.

提时，常用来描绘女性的美貌。尽管玫瑰在两种文化中都与爱情和美丽相关联，但在英语中，玫瑰还有“沉默”的含义，如会议桌上的玫瑰标志提醒人们保持安静。而在汉语里，人们常将外表美丽但性格难以接近的女性比作“带刺的玫瑰”，这体现了两种文化在玫瑰象征意义上的微妙差异。

2. 百合（lily）

在中国传统文化中，百合花以其纯洁的白色和吉祥的寓意备受推崇，象征着祝福与和谐。“百年好合”的美好寓意与百合花的洁白无瑕相得益彰，使其成为人们喜爱的花卉。例如，南平市和湖州市都将百合花作为市花，体现了其在地方文化中的重要地位。古代文人墨客也常以百合花为题材，创作了许多赞美其美丽与纯洁的诗词。除了文化意义，百合花还具有实际的药用价值，在中医中被认为能够养心安神、润肺止咳，因而常被用作食疗材料，融入人们的日常生活。它既美化了生活，也滋养了身体。

在西方传统文化中，百合花（lily）是纯洁、贞节和无瑕的象征。这一象征意义在宗教艺术中表现得尤为显著。例如，在描绘圣母玛利亚领报的画作中，天使加百利常被画成手持百合花枝，向玛利亚宣告耶稣诞生的形象，而玛利亚则常被描绘为在摆放着百合花的花瓶前祈祷。这种场景强调了百合花与纯洁无瑕之间的关联。在英语中，百合花常与“白色”（white）一词结合使用，用来表达“纯洁无瑕”“天真无邪”“完美无缺”的概念。由此可见，尽管在不同的文化背景下，百合花在英语和汉语中的寓意有着细微的差别，但其核心的象征意义，即纯洁与美好却是共通的。

（二）相同植物词汇表示不同的文化内涵

1. 莲（lotus）

（1）莲在汉语文化中的内涵。在中国文化里，莲花以其别名“荷花”和“芙蓉”而闻名，常被用来象征女性的温婉与美丽，这在古代诗词中屡见不鲜。莲花虽生长于泥泞中，却能保持自身的洁净，因此被誉为“花中君子”，这一形象深刻地体现了莲花在中国文化中的核心地位和崇高品质。莲花的这种特质不仅令人赞叹，也成为文人墨客歌咏的对象，象征着高洁与超脱。

（2）lotus 在英语文化中的内涵。在西方文化中，莲花（lotus）常被视作一种能够让人忘却尘世烦恼的神秘植物。根据传说，食用莲花的果实会导致人遗忘亲友，并且不再渴望返回故土。因此，在英语语境中，“lotus”一词带有放松、安逸和无忧虑的内涵，象征着一种超脱现实、追求内心宁静的生活态度。这种文化象征与东方文化中莲花的纯洁和高雅形象形成对比，展现了不同文化背景下对同一植物的不同诠释。例如：

安乐之乡 Lotus land

过着懒散舒服生活的人 Lotus easier

2. 牡丹（peony）

（1）牡丹在汉语文化中的内涵。牡丹，我国特有的传统名贵花木，又名木芍药、百两金、谷雨花、富贵花、白茸、花王和洛阳花等，毛茛科芍药属，多年生落叶小灌木①。

1）牡丹花在中国文化中占据着极其重要的地位，它不仅是国家繁荣与富强的象征，也反映了人们对美好生活的向往。自古以来，牡丹就以其华贵的花姿和艳丽的色彩，成为诗歌中歌咏的常客。唐代诗人刘禹锡的名句“唯有牡丹真国色，花开时节动京城”，更是将牡丹与国家的辉煌紧密相连，使其成为幸福、吉祥和国家昌盛的标志。

2）牡丹也被赋予富贵的寓意，成为财富与成功的象征。在中国人心目中，牡丹与“富贵”二字紧密相连。它不仅代表着物质上的富足，也象征

① 梁科．花团锦绣：故宫后妃衬衣藏品赏析［M］．北京：中国轻工业出版社，2023.

着精神上的满足和幸福。因此，牡丹常常被用来表达人们对富裕、美好生活的渴望和追求。它成为一种文化符号，激励着人们不断努力，追求更加美好的生活。

3）牡丹花以其坚毅的品格和不屈不挠的精神，在中国文化中也象征着高尚的节操和对权贵不卑躬屈膝的态度。尽管牡丹被冠以“富贵之花”的美誉，但它的坚韧和顽强使其成为对抗不公和恶势力的象征。

4）牡丹花也是纯洁和爱情的标志。在中国传统文化里，牡丹不仅是美的化身，还代表着爱情的纯真与热烈。在西北地区民歌“花儿”中，牡丹被用作对女子赞美和爱慕之情的表达，体现了牡丹在民间文化中对爱情的颂扬和对美好情感的追求。

（2）peony 在英语文化中的内涵。在西方文化中，牡丹（peony）的名字与神话中的神医皮恩（Paeon）紧密相连。实际上，牡丹正是以这位神医的名字命名的。这一命名背后的传说，是皮恩利用牡丹的根治愈了宙斯之子赫拉克勒斯的伤痛。因此，牡丹在西方被视为一种拥有神奇力量的花卉。在欧洲，牡丹与无刺的玫瑰相似，都被用来象征基督教中的圣母玛利亚，赋予了它神圣和纯洁的寓意。这展现了牡丹在不同文化中所承载的独特象征意义和深远的文化价值。

二、英汉植物文化的翻译

（一）直译法——保留形象

在翻译实践中，当遇到英汉两种语言中具有相似文化意涵的植物词汇时，采用直接翻译植物名称的方式是恰当的。这种方法的优势在于，它能够忠实地反映原文的文化色彩和风格，同时也确保了原文的情感和氛围得以在目标语言中重现。通过直译，译文不仅能够保持语言的生动性和形象性，还能促进两种文化之间的相互理解和沟通，从而增强译文的文化内涵和语言表现力。例如，将英文中的“lotus”直译为中文的“莲花”，不仅保留了莲花在两种文化中共同的象征意义，如纯洁或精神的升华，还让读者能够迅速识别并感受到与莲花相关的文化共鸣。例如：

桂冠 Laurel wreath

桃腮 Peachy cheeks

（二）意译法——舍弃形象

在翻译植物相关词汇时，有时采取意译策略是必要的。这意味着译者可以不拘泥于源语言中植物的具体形象，而是专注于传达其背后的文化联想和象征意义。这种方法允许译者在目标语言中，寻找最能贴切表达源语言文化意涵的对应词汇或描述，即使这可能意味着放弃源语言中的直接植物指代。通过这种方式，译文能够更深入地触及文化核心，确保原文的隐喻和情感色彩得到准确传达，从而在不同文化间建立更有效的沟通桥梁。例如：

骚扰新兵 Harass the cherries

他对她神魂颠倒 He is practically off his onion about her

（三）直译加注释

在翻译过程中，为了维持原作的异国情调，同时丰富目标语言的表达，并帮助读者更好地理解原文中的文化元素，译者可能会采用直译加注释的翻译策略。这种方法涉及将原文中的植物名称直接翻译为目标语言中的对应词汇，同时附加注释来详细解释该植物在源语言文化中的特殊含义和象征。通过这种方式，译文不仅保留了原文的风味和文化色彩，还为读者提供了必要的文化背景信息，使他们能够更全面地领会原文的深层含义。这种翻译技巧特别适用于那些在目标语言文化中不太常见，或具有独特文化象征意义的植物词汇，确保了文化交流的深度和准确性。例如：

锅里的两粒豆（一模一样）　As like as two peas in pot

（四）转换形象翻译

植物词汇通常包含两个层面的意义：直接的字面意义和由此衍生的文化象征意义。即便植物词汇的字面意义相同，它们在不同文化中可能引发不同的联想；而字面意义不同的植物词汇，在某些文化中可能具有相似的象征含义。当一种语言被翻译成另一种语言时，目标语言的读者会根据自己文化的传统来理解植物词汇所携带的文化内涵。因此，当英汉两种语言中植物词汇所承载的文化内涵存在差异时，译者需要深入考虑两种语言的文化差异性、目标语言的文化背景以及目标读者的解读习惯。译者须据此对植物词汇在目标语言中的表达作出适当调整，以确保翻译后的文本既能准确传达原文的意图，又能尊重并适应目标语言读者的文化期待。这种翻译策略有助于促进跨文化交流，确保信息传递的准确性以及文化上的适应性。例如：

艳若桃李　As red as a rose

雨后春笋　Spring up like mushrooms

（五）引申阐发译文

在翻译过程中，当遇到特殊表达时，为了更精确地传达原文的意图，译者可以依据文本的语境和逻辑联系，对原文中的植物词汇进行适当的内涵拓展。这种引申操作，不仅有助于捕捉原文的深层含义，还能使译文更加贴近目标语言的文化背景和表达习惯。同时，为了确保译文的通顺和自然，有时译者还需要对植物词汇的象征意义或文化背景进行补充说明。这样处理能够避免因文化差异导致的误解，帮助读者更好地理解原文内涵，从而提高翻译的整体质量和效果。通过这种方式，译者能够确保翻译作品在忠实原文的同时，也能够适应目标语言的文化环境，实现跨文化的有效沟通①。例如：

汤姆一定会来参加宴会的，白喝酒的机会对他来说是很有诱惑力的。

Tom will come to the party, the chance of a free drink is like a carrot to a donkey to him.

① 杨芊．英汉语言对比与中西文化差异探索［M］．青岛：中国海洋大学出版社，2019.

第五章　英汉人名、地名文化对比与翻译

在翻译人名和地名时，译者要尊重原名的文化背景和发音习惯，避免造成误解和冒犯。通过深入了解英汉文化中人名、地名的差异，译者可以更有效地进行跨文化交流，促进不同文化之间的理解和尊重。本章主要论述英汉人名文化对比与翻译、英汉地名文化对比与翻译等内容。

第一节　英汉人名文化对比与翻译

一、英汉人名文化对比

（一）英汉姓名结构文化对比

1. 姓名构成

在英语国家，姓名结构一般遵循“名（Given Name）+中间名（Middle

Name）+姓（Surname）”的顺序。这种结构中，名字是个人称呼，用于日常交流，而姓氏则代表家族或血统，是身份的重要标识。中间名在某些情况下可以省略，但并非必需。这种命名习惯体现了个人与家族的联系，同时也展现出社会对个体身份的重视。在不同文化和历史背景下，姓名的使用和传承方式也有所变化，但总体上看，这种姓名结构在英语国家被普遍接受和遵循。

中国传统的姓名结构遵循“姓（Surname）+名（Given Name）”的顺序，姓在前名在后，这种顺序强调了家族和血统的重要性。姓氏不仅是个人身份的一部分，更是连接家族成员的纽带。个人名字通常由父母或长辈根据文化寓意、期望或个人喜好来选择，体现出对个人品质和未来的美好祝愿。这种命名方式在中国社会中有着深厚的文化根基，反映了家族观念和对家族荣誉的重视。随着社会的发展，虽然一些现代家庭开始尝试不同的命名方式，但传统的“姓+名”结构依然是主流。

2. 姓名的意义

在英语国家，为孩子选择名字是一个极具个性化的过程。父母在挑选名字时，会综合考虑多个因素，如名字的意义、发音，以及与家族传统的关联。他们可能会挑选一个具有特定文化或宗教背景的名字，或者选择一个流行的名字。此外，名字的选择还可能受到流行文化、名人效应的影响。这种命名方式不仅体现了家庭的价值观和期望，也反映了社会对个性和个人选择的尊重。通过名字，父母期望为孩子塑造一个独特的身份，表达对他们未来的美好祝愿。

在中国，名字的选择不仅是一种文化传统，更是一种艺术和智慧的体现。父母在为孩子取名时，通常会考虑名字的寓意和象征意义，希望名字能够反映出对孩子未来的美好期望和祝福。中国人的名字常常与生辰八字、五行等传统文化元素相结合，以此来平衡个人的命理和性格。例如，根据孩子的出生年月日时的五行属性，选择相应的字来调和五行，达到和谐平衡。这种命名方式不仅体现了中国传统文化的深厚底蕴，也体现了家庭对孩子未来的深切关怀和美好愿景。

（二）英汉姓氏文化对比

1. 姓氏的构成和使用

在中国，传统的姓名结构遵循“姓（Surname）+名（Given Name）”的顺序。其中，姓位于名前，象征着家族的归属和血脉的延续。姓氏的传承在中国文化中占据着极其重要的地位，通常由父系传递，体现了家族观念和对家族荣誉的重视。这种命名方式不仅有助于维系家族的凝聚力，还有助于在社会中识别和区分不同的家族成员。姓氏在中国不仅是个人身份的一部分，更是连接家族成员的重要纽带，承载着丰富的家族历史和文化传统。

在英语国家，姓名结构通常遵循“名（Given Name）+中间名（Middle Name）+姓（Surname）”的顺序。其中，名字位于最前，姓氏在最后。这种结构强调个人身份，而姓氏则用来标识家族或血统。中间名虽在日常使用频率较低，但在正式场合或法律文件中可能会出现。姓氏的使用在英语国家相对灵活，女性在婚后可以选择是否随夫姓，这反映了社会对个人选择和性别平等的尊重。这种命名习惯不仅体现了个人与家族的关系，也展示了社会文化对个体自由的重视。

2. 姓氏的来源

中国的姓氏文化源远流长，姓氏的来源极为丰富和多样。许多姓氏源于祖先的图腾崇拜，如龙、熊等；有的则以封地或国名为姓，如赵、宋、秦、韩等，这体现了地域和政治因素的影响。居住地也是姓氏的重要来源，如东郭、南郭等，反映了人们与特定地理环境的联系。官职和职业也常被用作姓氏，如司徒、司马等，显示出职业身份所具有的社会地位。此外，颜色名称如白、黄、蓝等也被用作姓氏，进一步增加了姓氏的多样性。这些姓氏不仅承载着家族的历史和文化，也反映了中国古代社会的复杂性和多样性。

英语国家姓氏的来源多种多样，体现了丰富的文化和历史背景。常见的姓氏如 Smith（铁匠）、Baker（面包师）等，直接源于职业名称，这反映出早期社会中工匠及各类职业的重要性。居住地的地形地貌也是姓氏的重要来源，如 Field（田野）、Hill（小山）、Brook（小河）等，这些姓氏往往与家族的居住地或地理特征有关。此外，自然现象如 Snow（雪）、Rain（雨）等，动物名称如 Bird（鸟）、Fish（鱼）等，同样被用作姓氏，这增添了姓氏的多样性和趣味性。这些姓氏不仅标识了个人的身份，也反映了家族的历史和社会背景①。

二、英汉人名的翻译

（一）英译汉的方法

1. 音译法

在将英语人名翻译成汉语时，音译法是一种非常实用且常见的方法。这种方法的核心目标是尽可能保留原名的发音特征，让汉语读者能够通过拼音联想到原名的发音。在实际操作中，译者会精心选择发音相近且易于接受的汉字，同时兼顾文化因素和习惯，避免选用可能引发误解的字词。例如，英语名字“John”常被翻译为“约翰”“Mary”翻译为“玛丽”。这些音译结果不仅保留了原名的发音，也契合汉语的发音习惯。

音译法还需注重统一性和一致性。对于常见的英语名字，应尽量使用

① 范洁．多元文化碰撞下的英汉对比及翻译问题研究［M］．长春：吉林大学出版社，2021.

已被广泛接受的音译形式，以保持翻译的一致性。同时，译者还需考虑名字的性别特征和适用的年龄群体，确保音译名字的适宜性。例如，“Sophia”翻译为“索菲亚”，符合女性名字特点。适当简化也是音译法的一部分。针对较长或复杂的英语名字，可进行适当简化音译，使其更易于被汉语读者理解和记忆。

通过这些细致的处理，音译法使得英语人名在汉语中，既保留原音，又便于理解和接受。它还能促进不同文化之间的交流与理解，增强跨文化沟通的效果。

2. 意译法

在翻译英语人名时，还可以采用意译法。例如，“A good Jack makes a good Jill”在这句话中，Jack 是常见男子名，Jill 是常见女子名，因此可将其翻译为“夫善则妻贤”。

3. 形译法

有一些译著或媒体还经常使用形译法来翻译人名。随着中西方文化融合速度日益加快，人们身边不断涌现出许多新的人名。这些人名没有约定俗成之名可以遵循，也无法采用音译法进行翻译，此时就可运用形译翻译法。例如，计算机语言 Pascal 中的 Pascal 这一人名，在相关计算机书籍中就直接采用形译，而未使用其音译名“帕斯卡”。

（二）汉译英的方法

1. 音译法

音译法就是按照汉语拼音的拼写方式，遵循先姓后名的顺序来进行翻译。例如：

石秀一日早起五更，出外县买猪。

One morning，he（Shi Xiu）rose at the fifth watch and went to another county to buy hogs.

2. 音译加注法

由于拼音只是一种音译手段，仅是指称人的符号，原有的语义信息无法传递出来。例如，“朱德”中的“德”字，让人联想到“好品德”“德高望重”等，然而拼音“Zhu De”中的“De”却无法引发同样的联想。再如，“陈爱国”中“爱国”的含义十分清晰，可是拼音“Chen Aiguo”中的“Aiguo”并不能体现出“热爱祖国”的含义。因此，在翻译中国人名时，有时可先采用拼音，然后对汉语人名的含义加以解释，即音译加注法进行翻译，这样才能更好地使英语读者了解汉语人名的文化内涵。例如：

班门弄斧

This is like showing off one's proficiency with the axe before

这里将“鲁班”翻译为“Lu Ban the master carpenter”，否则西方人很难理解。

3. 释译法

在翻译过程中，极有可能会遇到一些难以理解的表达，此时可采用释译法。例如：

布帘起处，摇摇摆摆走出那个妇人来。原来那妇人是七月七日生的，因此小字唤做巧云。先嫁了一个吏员，是蓟州人，唤做王押司，两年前身故了。方才晚嫁得杨雄，未及一年夫妻。

The door curtain was raised and a young woman emerged. She had been born on the seventh day of the seventh month, and she was called Clever Cloud. Formerly she had been married to a petty official in Jizhou; Prefecture named Wang. After two years, he died, and she married YangXiong. They had been husband and wife for less than a year.

第二节　英汉地名文化对比与翻译

一、英汉地名文化对比

（一）汉语地名的来源

1. 自然地理特征

（1）地形地貌。在地名中，地形地貌相关词十分关键，如“山”“水”“江”“河”“湖”“海”等字眼常出现在地名里，直接反映出当地的地形特征。例如，“泰山”因山峰高耸而得名，“黄河”则因河水呈黄色而得名。

（2）气候特点。地名也能反映当地的气候特点。例如，“长春”取“长年春色”之意。尽管实际上东北的春季较为寒冷，可这个名字寄托了人们对温暖气候的向往。

（3）物产资源。有些地名来源于当地的物产资源。例如，“无锡”在先秦时期因盛产锡而得名，后来锡矿采尽，但仍保留“无锡”之名。

2. 历史文化背景

（1）政治因素。地名的变更通常与政治事件紧密相关。例如，“北京”作为国都的名称，历经了从“燕京”“大都”，到“北平”，再到“北京”的演变过程，反映了不同朝代的政治中心地位变化。

（2）军事活动。军事活动同样是地名来源的重要因素。例如，“天津”寓意“天子经过的渡口”，这与明朝时燕王朱棣发兵渡河南下的事件相关。

（3）历史人物。有些地名以历史人物命名，如“秦皇岛”以秦始皇命名、“左权县”为纪念左权将军而改名。

3. 语言发展

地名作为语言中的专有名词，其形成和发展与语言的发展密切相关。随着汉语从单音节向双音节、多音节演变，地名也逐渐趋向双音节化或多音节化。

地名的命名还受到当时社会文化背景的影响，反映了人们的认知水平和文化心理。

（二）汉语地名的内涵

1. 文化认同

地名作为一种文化符号，承载着当地人的文化认同和情感寄托。通过地名，人们可以感受到家乡的历史渊源和文化底蕴。地名还反映了当地人的价值取向和审美观念。例如，“安庆”“吉安”等地名，就寄托了人们祈盼吉祥的美好愿望。

2. 历史记忆

地名记录了历史事件和人物事迹，是历史记忆的重要载体。通过地名，人们可以了解到当地的历史变迁和文化传承。一些具有历史意义的地名，如“井冈山”“瑞金”等，不仅是地理坐标，更是中国共产党光辉奋斗历程的见证。

3. 社会功能

地名具有指位和指代的社会功能。通过地名，人们可以准确地定位到某个地方，并进行有效的交流和沟通。地名还具有一定的经济价值和文化价值。一些具有独特文化内涵和历史底蕴的地名可以成为旅游资源的重要组成部分，推动当地经济的发展。

综上所述，汉语地名的来源与内涵丰富多样，它们既反映了自然地理特征，又蕴含了深厚的历史文化底蕴。地名作为文化符号和社会功能的重要载体，在人们的生产和生活中发挥着重要作用①。

（三）英语地名的来源

1. 自然地理特征

许多英语地名直接来源于自然地理特征，如河流、湖泊、山脉等。例如，London（伦敦）意为“Beside the river that cannot be waded”（临河不能过），反映了其地理位置的特殊性。牛津（Oxford）则意为“The shallow river for cattle”（牛渡口），直接描述了当地的地形特征。

2. 历史文化背景

英语地名的另一个重要来源是历史文化背景。许多地名与历史事件、历史人物或文化传统紧密相关。例如，Liverpool（利物浦）有两种解释：一种解释为“Pool with muddy water”（泥水坑），另一种解释为鸟池。其中，“liver”指的是利物浦市的吉祥鸟——利弗鸟（Liver bird）。爱丁堡（Edinburgh）在古代便是军事重地，其名称来源于古英语中的“burgh”，表示“有防御工事的围场”或“堡垒”。

3. 语言发展

英语地名的形成和发展与英语语言的发展密切相关。随着英语语言的演变，地名也经历了从单音节到多音节、从简单到复杂的变化过程。许多地名具有特定的后缀，这些后缀往往具有特定的含义。例如，“-ham”通常表示农庄或定居点（如 Birmingham，Nottingham），“-ton”表示乡镇或领地（如 Leicester，Durham），“-ford”表示可涉水而过的浅滩（如 Oxford），“-wich”或“-wick”表示乡镇或市场（如 Greenwich，Warwick）。

4. 外来语影响

英语地名还受到外来语的影响。随着英国与其他国家的交流和贸易往

① 李雯，吴丹，付瑶．跨文化视阈中的英汉翻译研究［M］．长沙：湖南师范大学出版社，2018.

来日益频繁，一些外来语词汇也被引入英语地名中。然而，这种情况相对少见，且多发生在殖民时期或与其他国家的文化交流中。

（四）英语地名的内涵

1. 文化认同

英语地名作为一种文化符号，承载着当地人的文化认同和情感寄托。通过地名，人们可以感受到当地的历史渊源和文化底蕴。例如，格拉斯哥（Glasgow）这个城市名字最初源于布利屯语中的“glas cu”，意指“绿色的空地”。这一名称反映了当地人对自然环境的热爱和尊重。

2. 历史记忆

英语地名记录了历史事件和人物事迹，是历史记忆的重要载体。通过地名，人们可以了解到当地的历史变迁和文化传承。例如，利物浦的盾徽就完美解释了其地名的两种含义：泥水坑和鸟池，同时也反映了该城市的历史和文化特色。

3. 社会功能

英语地名的来源与内涵丰富多样，它们不仅反映了自然地理特征、历史文化背景和语言发展轨迹，还承载着当地人的文化认同和情感寄托。通过深入研究英语地名的来源与内涵，我们可以更好地了解英国的历史文化和社会变迁[①]。

二、英汉地名的翻译

地名翻译至关重要，其关系着一个国家的领土主权。译者在翻译地名时可采用如下翻译技巧：

---

① 朱静．基于语言与文化对比的英汉翻译研究［M］．长春：吉林大学出版社，2021.

（一）英译汉的方法

1. 音译法

将英语地名翻译成汉语时，应以音译为主，力求做到准确规范。地名音译可以参照《外国地名译名手册》等。此外，译者在翻译时要注意避免使用生僻词和容易产生联想的词，且不可体现褒贬意义。例如，从前将 Kenya 译为“怯尼亚”，后来被改译为“肯尼亚”。对英语地名中的专有名词，翻译时，可以采用音译的方法进行翻译。例如：

锡蒂岛　City Island

鲍尔　Ball

2. 直译法

直译法可以反映地名的语言文化内涵。可采用直译法进行翻译的地名有：英语地名中的通名部分；以数字或日期命名的地名；表示方向、大小等修饰地名专名的形容词等。例如：

千岛群岛　Thousand Islands

东芝加哥　East Chicago

然而，修饰地名通名部分的形容词要进行音译。例如：

里特尔河　Little River

纽湖　New Lake

3. 习惯译法

以人名、宗教名、民族名命名的英语地名通常采用其习惯译名。例如：

剑桥　Cambridge

孟买　Bombay

（二）汉译英的方法

将汉语地名翻译成英语时，一般采用汉语拼音即可。当然，有时也可根据具体情况采用其他翻译方法。

1. 音意结合

汉语地名的专名部分可以用汉语拼音翻译，而通名部分则需意译。例如：

琼州海峡　Qiongzhou Straits

洪洞县　Hongtong County

2. 音译+重复意译

当汉语地名中的专名为单音节词（不含 n、ng 的辅音结尾的单音节）时，通名被看作专名的一个组成部分，与专名一起音译，再重复意译通名。例如：

天池　Tianchi Lake

黄山　Huangshan Mountain

3. 意译法

有些汉语地名蕴含丰富的文化内涵，有的可以体现出该地名的地域特征，有的则表达了人们对地域的美好期待等。在翻译这类汉语地名时，除音译法外，还可采用意译法，译出地名所蕴含的文化内涵。例如：

黄河　Yellow River

妙峰山　Fantasy Peak

4. 增译法

在翻译汉语地名时，可以增译地名雅称，作为地名的同位语。它既可以前置，也可以采用括注的形式。例如：

中国铁城——鞍山市　Anshan Cit—the steel centre of China

需要注意的是，我国存在一些地名相同但所指地点不同的情况。翻译这类地名时，要遵循约定俗成的原则，不可随意更改，必须严格按照我国地名词典标注的读音和书写形式进行翻译。例如，在“陕西省”和“山西省”中，“陕”和“山”的汉语拼音均为shan。为便于区分，“陕西省”被译为Shuanxi Province，而“山西省”译为Shanxi Province。

5. 沿用传统的译名

我国地域辽阔、民族众多，民族语言的使用情况较为复杂。汉语里有许多地名源于少数民族语言，部分地名已经有传统译名，且普遍为外国人所接受。对于这类地名，译者应使用其传统的译名。例如，“香港”译为Hong Kong，“澳门”译为Macau，“乌鲁木齐”译为Urumchi，“呼和浩特”译为Hohhot，“吐鲁番”译为Turpan等。

还有一些地名是以少数民族语言命名的，其中部分没有传统译名。在此种情况下，是采用汉语拼音音译，还是使用该少数民族语言音译，这仍是一个存在争论的问题。本书认为，从文化信息传递的角度来看，如果该少数民族语言有拼音文字，那么就用该拼音文字进行音译。因为采用汉语拼音会使该地名所蕴含的文化意义丧失。例如，拉域（今广西壮族自治区百色市右江区境内）壮文音译为Raiqvaeg（raiq河滩，vaeg弯曲），平定（今广西壮族自治区田林县境内）壮文音译为Bienghdin（形似脚板的地坪）。如果该少数民族语言没有相应的拼音文字，则用汉语拼音音译出来①。

① 阮榕榕．中外文化翻译教学与实践研究［M］．长春：吉林人民出版社，2019.

第六章　英汉节日文化与饮食文化对比与翻译

英汉节日文化对比揭示了两种文化在庆祝方式、历史背景和文化意义上的异同之处。中国传统节日通常与农历和农业周期紧密相关，强调家庭团聚、纪念历史人物和事件以及庆祝自然季节的变化。相较而言，英国的节日更多和基督教传统、历史事件相关。本章着重探讨英汉节日文化与饮食文化对比与翻译。

第一节　英汉节日文化对比与翻译

一、英汉节日文化的对比

（一）英汉节日起源的对比

中西方的节日文化有着不同的起源和传统。西方的节日大多源于宗教信仰，如圣诞节和复活节，这些节日通常与基督教的宗教故事和庆典有关。而中国的节日则多与自然节气和农事活动相关，如春节、中秋节和端午节，这些节日往往与季节变化、农作物的种植和收获紧密相连。这种差异反映了两种文化在节日庆祝上的不同侧重点：西方节日侧重于对宗教和信仰的庆祝，而中国节日则注重与自然和谐共处和对农耕文明的传承。

1. 西方节日以宗教为主

尽管西方的节日在某些情况下与季节变化存在联系，但其核心特征是深植于宗教传统中的。例如，4 月的复活节、5 月的耶稣升天节、11 月的万圣节以及 12 月的圣诞节等，这些节日背后蕴含着丰富的宗教故事和传说。它们不仅是庆祝活动，也是信仰的一种体现。通过这些节日，信徒们纪念和庆祝宗教历史中的重要事件和人物。这些节日的庆祝方式和传统，往往与基督教的教义和仪式紧密相关，反映了西方文化中宗教信仰的深远影响[①]。

西方的某些宗教节日起初是与世俗活动融合在一起的，随着时间的推移，逐渐演变成具有宗教意义的节日。以“感恩节”为例，它最初是清教徒抵达北美后，为庆祝丰收而设立的节日。后来，经过华盛顿、林肯等历任总统的确立，感恩节成为一个表达对上帝恩赐的感激之情的全国性节日。因此，尽管感恩节的起源与农业丰收紧密相关，但它也融入了深厚的宗教元素，成为一个既庆祝丰收又感恩神恩的特殊日子。这样的节日演变过程，展示了文化和宗教如何在社会的发展中相互作用、相互融合。

2. 中国节日以时令为主

中国的节日体系深受农业文明的影响，与季节变化和自然节气紧密相连。一年之中，中国人庆祝的节日包括元旦、立春、清明、端午、立秋、七夕、中秋、重阳等，这些节日大多与特定的时节相关。例如，春节标志

① 欧敏鸿．跨文化视域下英语翻译的解读［M］．天津：天津科学技术出版社，2021.

着新年的开始，立春预示着春天的到来，清明是祭祖和踏青的日子，端午通常与龙舟竞渡和纪念屈原联系在一起，立秋则预示着秋天的来临，七夕是牛郎织女相会的浪漫时刻，中秋是家人团聚赏月的节日，重阳则是登高赏菊、敬老的日子。这些时令性节日的存在，反映了中国古代社会对农耕周期的重视，以及对自然规律的尊重和顺应。通过这些节日庆祝活动，人们得以与自然和谐共处，体现了中华文化中天人合一的哲学思想。

（二）英汉节日活动的对比

在庆祝节日的方式上，中西方文化有着明显的差异。西方的节日庆祝往往强调社交互动，如圣诞节和感恩节期间的家庭聚会和礼物交换，以及情人节的浪漫约会，都是增进人际关系的重要方式。而在中国的节日庆祝中，饮食文化占据了核心地位，如春节期间的团圆饭、中秋节的月饼、端午节的粽子等。这些食物不仅满足了味蕾，还承载着家庭团聚和文化传承的重要意义。通过这些节日的饮食习俗，中国人加强了家庭成员之间的联系，同时也表达了对祖先和传统的尊重。这种以饮食为中心的节日庆祝方式，体现了中国深厚的饮食文化和对家庭价值的重视。

1. 西方节日活动注重交际

在西方的节日庆祝中，也会准备特色美食。例如，感恩节时享用的南瓜派和圣诞节时的传统火鸡大餐。然而，与中国节日相比，西方节日的庆祝活动更倾向于强调社交互动和营造欢乐的氛围。在这些节日里，西方人会通过举办家庭聚会、参加社区活动或与朋友相聚来加强彼此之间的联系，共同享受节日的愉悦。此外，西方节日还常常伴随着各种娱乐活动，如圣诞期间的音乐会、游行和节日市场，以及感恩节的游行和橄榄球比赛，这些活动都是为了增强节日的欢乐气氛和社交体验。通过这些活动，西方节日成为人们放松心情、享受生活和增进友谊的重要时刻。

2. 中国节日活动注重饮食

在中国的传统节日，如春节、元宵节和中秋节，人们怀有深厚的家庭团圆情结。在这些节日里，为了象征家人的团圆，餐桌上常会出现圆形的食物，如春节时吃的汤圆、元宵节的元宵以及中秋节的月饼。它们不仅代表着团圆，还承载着对家人的思念和祝福。尤其是春节，无论人们身在何处，都会尽可能地返回家乡，与亲人共度佳节。中国节日里的饮食文化，蕴含着丰富的文化意涵和象征意义。通过特定的食物，人们传递着对和谐、幸福和感恩的祈愿，以及对自然和宇宙秩序的尊重。这些传统节日的饮食习俗，不仅是味蕾的享受，更是文化传承和情感交流的重要载体。

（三）英汉的重要节日对比

1. 圣诞节与春节

圣诞节和春节，作为西方和东方文化中极为重要的节日，它们都强调了家庭团聚的重要性，并营造了一种充满喜悦与和谐的气氛。这两个节日虽然起源和传统不同，但都体现了家庭在各自文化中的核心地位，以及人们对于团圆、幸福和新开始的共同渴望。

（1）圣诞节。作为西方的重要节日之一，不仅是基督教文化中庆祝耶稣基督诞生的日子，还成为全球范围内广泛庆祝的世俗节日。在这一天，家庭团聚、互赠礼物、享用节日大餐是常见的庆祝方式。圣诞节的宗教意义体现在教堂的礼拜和家庭的祈祷中，而其文化意义则通过装饰圣诞树、悬挂彩灯、唱圣诞颂歌等活动得以展现。此外，圣诞节期间，人们通过慈善活动和志愿服务来传递爱与关怀，体现了节日的慷慨精神。商家也会利用这个时期进行促销活动，使圣诞节成为重要的商业节日。尽管圣诞节的庆祝方式在不同文化和地区有所差异，但其核心价值，即爱、和平与希望却是普遍共鸣的。圣诞节不仅是一个宗教节日，也是一个促进社会和谐、加强人际关系和传播正面价值观的重要时刻。

（2）春节。是中国及一些亚洲国家最重要的传统节日，也被称为农历新年。它标志着农历年的结束和新一年的开始。春节的庆祝活动充满了丰富的文化传统，具有象征意义，体现了中国人对家庭、和谐与繁荣的重视。春节期间，人们会大扫除，以驱除旧年的晦气，迎接新年的好运。家家户户张贴春联和福字，象征着对新年的美好祝愿。在除夕夜，家庭成员会聚在一起吃团圆饭，共享天伦之乐。此外，放鞭炮、舞龙舞狮、赏花灯等活动也是春节庆祝的一部分，旨在驱邪避凶，祈求新的一年平安吉祥。红包是春节期间不可或缺的元素，长辈会给晚辈发红包，寓意着祝福和好运。春节期间，人们还会拜访亲朋好友，互相拜年，增进感情。随着时间的推移，春节的庆祝方式也在不断演变，融入了更多现代元素，如网络拜年、电子红包等。但无论形式如何变化，春节始终是中国人心中最重要的家庭团聚和文化传承时刻。

2. 万圣节与清明节

（1）万圣节。是西方传统节日之一。起源于古代凯尔特人的萨温节，后来与基督教的诸圣节相融合，形成了独特的现代庆祝方式。万圣节前夜，孩子们会身着奇装异服，戴上面具，挨家挨户地玩“不给糖就捣蛋”的游戏，这一传统活动增添了节日的趣味性和互动性。万圣节的象征包括南瓜灯、鬼魂、巫婆和黑猫等，这些元素通常用于节日装饰，营造出一种神秘而略带恐怖的氛围。南瓜灯的制作和展示是节日的重要习俗之一，人们将南瓜雕刻成各种面孔，放入蜡烛，以此来驱散恶灵。此外，成年人在万圣节也会举办化装舞会和主题派对，大家通过创意的装扮来庆祝这个节日。尽管万圣节有着宗教起源，但现代的庆祝活动则更多地强调娱乐和社交，成为一个跨越年龄和文化背景的全球性节日。随着时间的推移，万圣节的庆祝方式也在不断演变，融入了更多创新和多元文化元素。

（2）清明节。又称踏青节，是中国的传统节日，也是重要的祭祀节日之一，通常在每年的4月4~6日，根据农历二十四节气中的“清明”来确定具体日期。清明节不仅是人们祭祖和扫墓的日子，也是亲近自然、踏青游玩的好时节。在这一天，人们会前往祖先的墓地进行扫墓，清理杂草，献上鲜花和食物，以表达对先人的怀念和敬意。同时，清明节也是进行春祭的时候，许多家庭会举行家祭，缅怀逝去的亲人。此外，清明节还有放风筝、荡秋千、插柳等传统习俗，这些活动旨在迎接春天的到来，享受大自然的美景。

随着社会的发展，清明节的庆祝方式也在不断演变。现代的人们更加注重环保和安全，提倡文明祭祀，如使用电子蜡烛和鲜花代替传统的香烛和纸钱。同时，清明节也成为人们反思生命、珍惜当下和传承文化的重要时刻。尽管清明节与死亡和祭祀有关，但它也是对生命和自然的颂扬，体现了中国人对生死、自然和文化的深刻理解。

二、英汉节日文化的翻译

（一）中国传统节日的翻译

1. 直译

直译就是按照字面意思直接进行翻译。运用直译法可以有效保留源语的形式与特点，也便于读者理解源语的风格。中国很多传统节日在英译时都可以采用直译法。例如：

中秋节　The Mid Autumn Festival

元宵节　The Lantern Festival

元旦　New Year’s Day

2. 意译

由于我国不同节日有着不同的庆祝方式和特色，翻译时可据此展开。例如，端午节是为纪念伟大的爱国诗人屈原，人们会吃粽子、赛龙舟，因此可以英译为 The Dragon Boat Festival。再如，中秋节这一天，人们会与家人团圆，一起赏月吃月饼，祈盼团团圆圆，因此可以英译为 The Moon Festival。

3. 音译

音译是指，将一种语言的语词，用另一种语言中与它发音相同或近似的语音表示出来的翻译方法，简单来说就是以音代义。这种方法有利于保留源语的发音及其含义的主要功能。在中国传统节日的英译中，音译法的使用频率很高。例如：

清明节　The QingMing Festival

4. 直译+解释性说明

有时，译者可以在直译的基础上，补充解释说明性文字，以帮助译入语读者更好地理解。例如：

重阳节　Double-Ninth Day（A festival to show respect for the old）

5. 沿用已有翻译

有些节日的翻译已被大多数人认可，因此无须再做改变。例如，春节可以被译为 The Spring Festival，也可以被译为 The Chinese Lunar New Year。通常，第一种译法更为常用，因为其更加符合中国特色，更被人们所接受。再如，端午节的英译 The Dragon-Boat Festival 同样沿用了现有的翻译。

（二）西方传统节日的翻译

对于西方传统节日，在翻译时大多采用直译法或意译法。例如：

圣诞节　Christmas

感恩节　Thanksgiving Day

万圣节　Halloween Day

西方节日与宗教息息相关。为了再现这一特殊内涵，译者在翻译时应以意译为主。例如：

复活节　Easter Day

狂欢节　Carnival

第二节　英汉饮食文化对比与翻译

一、英汉饮食文化的对比

（一）语言学视野下英汉饮食文化对比

1. 刀叉与筷子

（1）西方人的用餐工具主要是刀叉。人们使用刀叉对食物进行切割、分解，食物往往成为人们刀叉之下的猎物。刀叉使用动作多为切、割和戳等，力量向外，体现出一种向外征服和拓展的张力。这与以英语为代表的印欧语系语言特点所诱导的“天人二分”和“天人相争”思维模式完全一致。

从英语词法角度来看。英语单词由 26 个字母组成，这些字母完全缺乏象形意味，这也就切断了人与自然界之间的联系。印欧语系的文字是完全符号化的，因为它已经失去了人这个主体与外部自然界这个客体之间相互贯通的诱导因素。

从英语句法角度来看。英语句式向右拓展，也就是向外拓展，从而形成句子的末端重量。例如："This is the book whose writer is Jack who likes classic music which is popular in his hometown."从理论上讲，这个句子能够无限地向外拓展。从时间维度而言，向右拓展代表着将来，西方社会提出的"空想社会主义"，马克思、恩格斯提出的"共产主义"，柏拉图的"理想国"等，均是对未来社会的一种构想。

（2）中国人最典型的用餐工具就是筷子。筷子在中国的使用至少已有数千年。筷子主要有以下特点：筷子往往由木头或者竹子做成，采自天然自然之物；筷子顶部为方、下部为圆，寓意天圆地方；握筷子时，拇指和食指在上，无名指和小指在下，中指在中间，代表着"天地人"，所有的这些手指必须和谐发力，体现了"天人合一"；筷子有七寸六分长，寓意人有七情六欲；筷子有两支，夹取食物的时候需要一起和谐用力，代表"一阴一阳谓之道，冲气以为和"等。而汉字中的"仁"代表的就是人人有一双筷子，人人有饭吃，这就是"仁"的境界。可见，筷子本身及其所蕴含的含义都表明，筷子体现的是一种"天人和谐"的哲学理念。此外，筷子夹取食物时向内发力，不像刀叉取食时向外发力且多采用切割等动作。筷子所体现的思维方式为"天人合一""对立统一""内敛保守"，这与汉语所诱导的思维模式是一致的。

从汉语的词法来看，汉字体现了典型的"天人合一"思维特点。汉字的制字理论为'六书'，即象形、指事、会意、形声、假借、转注。其中，象形是其他所有造字理论的基础。例如，会意字是在象形基础上的进一步发展，"木""人"是典型的象形字，而会意字"森""众"则是在象形基础上的进一步发展。可以说，汉字意象的基本途径就是观物取象、合形会意、天人合一，而汉字本身的特点又进一步强化了这种意象模式。

从汉语的句法来看，汉语没有曲折变化，即汉语没有词尾变化和性、数、格的变化。汉语的句式可以从左往右，也可以从右往左地进行书写和诵读。有些汉语句式甚至意思完全一样，如“南江客运站运客江南”，体现了正反相成、对立统一的辩证意味。汉语这种对立统一的思想在太极图中可以得到更加直观的证明。太极图由首尾相连的两条阴阳鱼组成，一黑一白，而且阴中有阳、阳中有阴。太极图静止时还能分清阴阳，可一旦转动起来，阴阳便消失了界限，完全合二为一。

综上所述，西方饮食文化中使用刀叉、中国饮食文化中使用筷子，均由各自的思维特点和语言特点所决定。这些不同的思维模式和语言特点在各自文化的各方面均有体现，如汉语思维中的尊古敬老、内圣外王、内敛保守等思想，西方思维中的开拓进取、着眼将来、扩张侵略等思想。这在一定程度上，恰好也证明了语言特点与思维模式是相互照应且高度一致。

2. 分餐制和合餐制

（1）西方人用餐采用的是分餐制。西方人的分餐制是指，在用餐时，每个人都有自己独立的一份食物，即便是围坐就餐，也往往采用长桌而非圆桌；其用餐往往采用的是自助方式，体现了西方人独立自主、注重个性、以个人为本位的思维特点。这些特点与以英语为代表的印欧语系的语言特点一致，他们的语言特点与思维特点相互影响且相互照应。

从英语的词法来看。英语句子中的每一个单词均有自己独立的身份，英语单词往往都有词尾变化，尤其是古英语；现代英语的词尾变化虽已被大幅简化，但名词和代词往往还有性、数、格的变化，用来体现自身独立的个性和身份。

在英语中，代表个人的“I”在任何情况下都需大写；欧美人的姓名，也通常将代表个人的“名”置于代表家族的“姓”之前；此外，西方在书写地址时，也往往是由小到大，强调个人的优先和主体地位。

以西方的典型食物汉堡为例，制作汉堡的材料是分别制成的，如面包夹片、肉饼、新鲜蔬菜等，之后将这些材料夹在一起。汉堡不仅形态开放，且各类食物均为组合而成，各种成分一目了然，各自保持着独立的个性。此外，从政治文化角度来看，欧洲能够在经济上实现统一，成立欧盟，但在政治上却保留各自独立的政治身份，这也是这种思维模式的一种反映。

（2）中国人的用餐方式主要是合餐制。中国人用餐时，往往围坐在一起，用筷子分享同一盘子的食物。而且食物并非自助式，通常是统一准备好的，这充分体现了中国人整体、和谐的思维模式。这与汉语所体现的观念系统和思维模式完全一致。

从汉语词法来看，汉字意象的内在逻辑就是“天人合一”。这种“合一”不仅体现在人与自然之间的“和谐统一”，也体现在人与人之间的“合一”“和谐”与“统一”。

汉语中对自我的称谓往往是谦卑的，体现出卑己而尊人的特点。在汉语中，尤其是古汉语里，中国人对自己的称谓往往有在下、晚生、不才、卑职等，而称呼对方时则用尊称，如仁兄等；甚至在称呼自己的孩子时会用“犬子”，称自己的住处称为“寒舍”，称呼对方的孩子为“令郎”，称呼对方的住处为“府上”等。此外，汉语姓名的书写将代表家族的“姓”置于代表个人的“名”之前，汉语地址的写法也是由大到小，这充分体现了中国人整体大于个体的整体观。

从汉语的句法来看。由于汉字没有词尾变化，尤其是古汉语更没有性、数、格的变化，甚至没有标点符号，人们对词义和句意的理解往往依赖于语境，即依赖于与其他句子的整体关系去理解。在汉语中，很少仅凭一个句子中词的孤立用法就能理解其含义。

综上所述，西方人进餐采用典型的分餐制，中国人进餐则是典型的合餐制，这些文化差异均是由各自民族的思维差异决定的，而一个民族的思维特点又与其相应的语言特点相一致。此外，西方人的分餐制很难像中国人一样共同取食同一盘食物，更不会出现彼此让菜、布菜等其乐融融、不分彼此的和谐气氛。

3. 药食二分与药食同源

（1）西方人的饮食结构往往药食二分。西方人将药品与食品区分得很清楚，这与英语的刚性和显性逻辑，以及英语诱导的非此即彼的二元对立思维模式是一致的。从整个以英语为代表的印欧语系本身来看。其体现的思维模式具有“天人相争”“主客二分”的特点，这些思维模式在相应的语言特点中均有所体现。从英语句法角度来看。英语常以物作为主语。这是“主客对立”“对象性思维”（也可称作“客体性思维”）的具体表现。在英语所揭示构建的概念系统里，客体作为认知对象，往往以“物”来充当主语。从英语词法角度来看。由于英语存在性、数、格和词尾变化，所以在涉及名词动用或者动词名用等词性转化的运用时，也不会引发歧义。

（2）中国人的饮食结构往往是药食同源。中国人药食同源的饮食结构与汉语辩证统一的思维模式，以及相应的语言特点是高度一致的。

汉语整个语言系统所反映的思维模式是“天人合一”和“主客合一”。汉语不像英语那样必须具备主谓结构，汉语句式的主语常常隐藏，且主语可以实现悄无声息的转换。中国语法通则表明，凡是主语明显可知时，通常不用主语，因此没有主语是常例，即主语被隐去，而非省略。这正是“主客合一”思维的具体体现。从汉语句法角度来看，汉语常以人作主语。例如，汉语所反映的主体思维模式，指的是中国人秉持“事在人为”的观念，因此常常以人称作为主语，这便是“万物皆备于我”“主客合一”思维在句法上的体现。此外，汉语的书写和诵读不仅可以从左至右，也可以从右至左，且逻辑通顺。由此可见，汉语的句法是辩证通融、对立统一的，老子所说的“高下相倾、前后相随”就是这种思维的反映①。

（二）隐喻视角下英汉饮食文化对比

1. 英汉饮食词汇隐喻机制的类型对比

（1）英汉饮食词汇的隐喻机制。饮食隐喻的本质基于本体和喻体的相似性，主要通过映射、联想和通感等方式来构建其工作机制。具体为：

1）相似性。隐喻以本体和喻体之间存在的相似性作为意义转移的基础，分为客观的物理相似性和主观的心理相似性。当人们接触到一个新鲜事物时，会利用事物之间存在的相似性，使两个原本毫无关联的事物产生交集，以获得新的认识经验。“食”乃人生存之本，人类有丰富且直接的饮食认知经验。在接触新事物时，人们首先会将脑海中的饮食认知同新事物之间建立某种相似联系。例如，用“烫手的山芋”来表示棘手的事情，英语中也有类似表达，如“a hot potato”。

2）映射。人们将在饮食过程中获得的体验映射到其他事物上，有助于其更充分地认识新事物。例如，汉语中的“铁饭碗”指代的是“好工作”。对中国人而言，米饭是饮食中最常见且重要的主食，用盛饭的器具来表示可以维持生计的工作，十分恰当。英语中也存在相似的认知过程，如“Bread-winner”（赚钱养家的人）“Bread and butter issue”（生计问题）。在英汉语言的饮食文化中，“米饭”和“面包”在日常饮食中的地位不言而喻。人们将自身对饮食的认识映射到与人相关的领域，形成“主食是生计”的映射，进而建构了饮食隐喻。

3）联想。联想作为隐喻认知的基本实现形式之一，是隐喻思维的基

① 刘志成．语言学视野下中西饮食文化对比研究及启示［J］．青海社会科学，2019（4）：199-204.

础，人们可通过不同的联想方式来理解隐喻。人类在饮食活动中获取的基本感知的体验，会引发想象和联想，用来理解未知事物。例如，中国人将身材划分为“梨形身材”“苹果型身材”等，英语中也有类似表达，如“Pear Body Shape”“Apple Body Shape”。用不同的身材特点对应不同形状的水果，这是由“水果是身材”的联想所形成的饮食隐喻。这体现了人们利用某事物的凸显特征，通过想象来建立事物之间的联系①。

4）通感。通感就是指各个感官的感觉互相沟通。在认知过程中，人们用属于一种感官范畴的事物去表示属于另一种感官范畴的事物，从而建立事物之间的隐喻。其中，原始域和目标域所表示的概念分别归属不同的感官。“甜”这一味觉在英汉语言中表示愉悦、幸福之意。这是由于人们在食用甜食时，大脑中分泌的多巴胺会令人开心。例如，汉语中有“甜头”等表述；英语中有“Sweet nothings”对应汉语的“甜言蜜语”，“Sweet heart”意为“甜心”，用来称呼伴侣或者孩子。类似的通感型隐喻还有如“心狠手辣”“辣妹子”“苦尽甘来”“油盐不进”“拈酸吃醋”等。

（2）英汉饮食词汇的隐喻机制的异同。

1）视点取向相同。人类的思维认知方式具有普遍性，相似性是饮食隐喻的基础，因此，英汉语言在表达隐喻概念时，存在相同的视点取向。视点取向指的是，人们在展开联想时，将目光聚集于某个点。这个点可以是已知事物的整体，也可以是某个具有凸显特征的部分。在饮食动词中，视点主要集中在过程上，用来表述人的某种状态。汉语中存在许多关于“吃”的隐喻。“吃哑巴亏”中，“吃”含有人的遭遇之意；“吃老本”中，“吃”有依赖之意；“吃干抹净”中，“吃”是获得之意。英语中的“Eat ones heart out”，用来表示人被悲伤、嫉妒等情绪占据而痛苦；“Eat ones shirt”

① 岳淑娴．隐喻视角下汉英饮食词汇对比探究［J］．文化学刊，2022（1）：32-43.

的意思是“承认说错话，收回前言”。在饮食食物类词汇方面，取向视点集中在外形、功能、状态上，用来描述人的品行、容貌、生计来源。

2）视点取向不同。英汉语言国家不同的文化背景、地理环境、风俗习惯等，都会使隐喻思维中视点聚焦有所不同。汉语中的“苹果”一般仅用来形容“女孩红扑扑的脸”，颇有可爱的意味。而“苹果”在英语中有很多有趣的表达。自《圣经》起，苹果与西方文明便产生了交集，此后还出现在大量的神话、诗歌当中。例如，“Rotten apple”（坏家伙）“Apple pie order”（井然有序）。汉语用“掌上明珠”来表示珍爱之物，英语则用“Apple of ones eye”。中国人认为明珠是十分宝贵的，而西方则选择瞳孔作为源域，这体现了各民族不同的价值观。

3）联想不同。英汉语言饮食隐喻中出现联想差异，主要原因是人们观察事物的角度不同。不同国家在使用饮食词汇进行表达时，会选择不同的概念隐喻对象。例如，“雨后春笋”（Spring up like mushroom）。在上述例子中，英汉饮食隐喻的本体不同但喻体相同。此外，还有一种情况，即饮食词汇的本体相同，却表达不同的隐喻义。“柠檬”由于其独特的酸性口味，近年来在汉语中发展出“羡慕、嫉妒”的意思，如“柠檬精”。然而，在英语里，“柠檬”表示“次品”之意。

2. 英汉饮食词汇映射模式的对比

在认知过程中，人们通常会选择用已有的事物来指称新的事物，隐喻就是用一个已知概念域的意象图示部分，去表示另一个概念域，即从原始域映射到目标域。人类对于客观世界的认识和体验具有相似性，认知事物的途径和方式也呈现出共性特征。然而，由于不同民族的生活环境和文化背景各具特色，人们在隐喻的使用上存在差异，这使英汉饮食词汇隐喻的映射模式同异并存。

（1）原始域不同，目标域相同。汉语和英语会用不同的原始域来表示相同的目标域。在饮食词汇中，英汉语言都存在用主食来表示日常生计、工作或其他事务的现象，如粗茶淡饭（Bread and water）、饭碗（Bread and water）。喻体不同但语义对等的例子还有“不是我的菜”（it' s not my cup of tea）等。

（2）原始域相同，目标域不同。汉语和英语会存在原始域相同但目标域不同的情况。例如，英语中“New wine in old bottles”指的是“把两个格格不入的东西放在一起”，而在汉语里的意思是“用旧形式表现新内容”。“meat”在英语中有最重要、最主要的意思，如“Meat and potatoes”（讨论必要的部分）。汉民族受儒家文化和佛家文化影响，“肉”在汉语中更多地表示贬义，如“鱼肉百姓”“酒肉朋友”“酒池肉林”等。

（3）英汉饮食隐喻中的不对应或空缺。英汉语言中存在饮食隐喻不对应或语义完全空缺的现象，分为两种情况。一是汉语中有、英语中缺少。例如，“白面小生”“桃李满天下”“土包子”“大杂烩”“软柿子”等。二是英语中有、汉语中缺失。例如，Nest egg（私房钱）、In the soup（陷入困境）。由于不同民族的饮食习惯、文化传统、历史背景存在差异，体现在饮食隐喻词汇的创造上就有了各自的特色。

3. 英汉饮食词汇隐喻不同的缘由

人们通过隐喻来了解万事万物，这意味着人们对事物的认识必然会受隐喻影响。从根本上讲，饮食隐喻的产生在不同文化背景下呈现出差异性。不同民族的地理环境、民族风俗、思维方式、历史背景各不相同，致使饮食词汇隐喻也存在差异。

（1）地理环境。地理环境是人类赖以生存的基础，对文明的产生和传承有着重要影响。英语使用国英国四面临海，是传统的渔业大国，人们早期的生活与海洋有着密切关系。因此，英语中关于“鱼”的饮食隐喻词汇数量众多。例如，A cold fish（冷漠无情的人）等。英国畜牧业发达，牛奶在西方饮品中占据重要地位，如 The milky way（银河）。农耕文化影响下的中国人对于“牛”的喜爱之情十分明显，牛象征着风调雨顺、勤劳坚定。关于牛的饮食隐喻更是数不胜数，如“汗牛充栋”“牛刀小试”“目无全牛”等。汉语中用“力大如牛”形容人力气极大，而英语表达为“As strong as a horse”，两者用不同喻体表达相同含义，这表明地理环境对隐喻的产生有着影响。

（2）思维方式。东西方在认知上的差异与其思维方式密不可分，饮食词汇中的隐喻是隐喻式思维过程的外在体现。中国人习惯具象思维，善于借助具体事物来理解抽象难懂的事物。例如，汉语中的“捡了芝麻，丢了西瓜”。西方重视抽象思维，英语中与之对应的表达是“Penny wise and pound-foolish”。西方人偏好直线性思维，表达方式直接坦率；东方人侧重曲线思维，表达方式迂回委婉。在汉语中，人们常用食物来描述人的容貌，不直言美丑。例如，用“目如水杏”“杏眼桃腮”等来形容美人，用“歪瓜裂枣”等形容长相不尽如人意；而在英语中，仅有“tomato”“peach”等少数词汇用来表示美女。

（3）历史背景。东西方特有的故事传说、文献著作、历史典故等，影响着人们对饮食词汇隐喻的表达和理解。英语中的饮食词汇多来源于希腊神话、伊索寓言或本土著作，如“Apple of discord”（祸根）源自希腊神话，“Sour grapes”（吃不到葡萄说葡萄酸）出自《伊索寓言》等。神话传说、历史典故、古代文献丰富了汉语饮食词汇的表达方式。例如，“巴蛇吞象”源自《山海经·海内南经》等。这些饮食隐喻独具东方韵味，英语中无此类表达。

（三）菜肴视角下英汉文化的对比

1. 英汉饮食对象的对比

在饮食方面，中西方都拥有其各自悠久的历史及灿烂的文化①。综观西方国家的发展历史，其经济活动大多以渔猎、养殖为主业，而采集、种植等仅作为补充，这使西方人习惯食用肉食。随着工业社会的进步与发展，食品加工越发便捷、快速，西方人开始食用各种快餐食品，并为自身食品产业的发展感到自豪。从整体上看，由于西方人大多受游牧文化、航海文化影响，他们食用的食物通常较为简单，种类较少，制作方法简便快捷，且比较注重营养的科学摄入。与西方不同，中国是著名的农业大国，中国人的食材大多通过农业生产获得，种类较为丰富，主要可以概括为以下几种：

（1）主食类。中国地域辽阔，各地地理环境、人文习俗差异明显。因此，中国人的主食的食用也有鲜明的地域特点。北方人大多以面条和馒头为主食，南方人则主要以米饭为主食。除此之外，马铃薯、山药等淀粉含量较高的食材，也常被当作主食。

（2）辅食类。除主食外，中国人还有许多辅食。由于受佛教影响，中国人将各种植物视为“无灵”，认为食用植物益处良多。因此，中国人比西方人更喜欢食用蔬菜。中国食材中的蔬菜种类极为丰富。

（3）肉食类。在中国古代，人们肉类食用较少。然而，随着现代社会的进步，人们的生活水平逐渐提高，肉类成为中国人餐桌上的常见食材。

2. 英汉烹调方式的对比

（1）西方的烹饪方式。西方的烹饪方式大多较为简便，运用烤、炸、煎等方式便能完成大部分食物的制作。西方人喜欢将各种食材进行混合，

---

① 范洁．多元文化碰撞下的英汉对比及翻译问题研究［M］．长春：吉林大学出版社，2020.

如将面与肉进行混合、蔬菜与水果进行混合等。由此可见，西方的烹饪方式更注重保持食物的营养，但不具备较高的艺术性。值得注意的是，大部分西方国家都会为其中小学校配备营养师，以保障青少年能够茁壮成长，这一点非常值得中国人学习。

（2）中国的烹饪方式。中国的烹调方式可谓技术高超、品种丰富。中国烹饪文化源远流长，以其精湛的烹饪技艺和深厚的文化底蕴而闻名。中国烹饪的发展历程悠久，技术成熟，对食材的处理和加工方法极为讲究。在刀工方面，中国厨师拥有多样化的切割技巧；而在烹饪手法上，更是拥有丰富多样的烹饪技术，包括炒、炖、蒸、炸等，每种方法都能使食材呈现出不同的风味和口感。中国烹饪还强调因地制宜，充分利用当地的食材和特产。厨师们会根据地域特色和季节变化，选择最适宜的食材，以保证食物的新鲜和地道。此外，即便是相同的食材，通过不同的烹饪手法和调味，也能创造出千变万化的美味佳肴。这种对食材多样性和烹饪灵活性的追求，体现了中国烹饪文化的丰富性和创造性，使中国菜系能够适应不同人群的口味，满足各种饮食需求。

3. 英汉饮食观念的对比

在西方文化中，基督教的教义对人们的生活方式有着深远的影响，其中包括对饮食的看法。基督教教义强调对灵魂的尊重和对欲望的克制，倡导理性和自律。受此影响，西方的饮食观念倾向于将食物视为维持生命和健康的基本要素，而非单纯追求感官享受的工具。

在西方饮食文化中，人们更重视食物的营养价值和均衡摄入，而不是过分注重食物的口味和形式。他们倾向于选择能够最大限度保留食物营养成分的烹饪方法，尽量不采用导致营养流失的加工方式。这种以营养和健康为核心的饮食理念，促使西方人在饮食选择上更加注重科学和理性，追求食物的质量和对身体的健康，而非单纯满足口腹之欲。这种饮食观念体现出西方文化对健康和生活质量的关注，以及对食物与身体关系的深刻理解。

在饮食观上，中西方的观念截然不同。中国人更加追求食物的口感、味道、观赏性与艺术性，也就是人们常说的“色、香、味、形、器”。除此之外，中国传统的阴阳五行说对中国的烹饪艺术也有影响。人们运用各种味道制作菜肴，以达到“五味调和”的美食境界。由此可见，“民以食为天，食以味为先”已成为中国人根深蒂固的饮食观念。

4. 英汉菜肴名称的对比

（1）西方菜肴名称。西方菜肴的命名也与中国有所不同。西方菜品的名称大多比较直观、直接，人们可以直接看出这一菜品的原料、产地等，如汉堡包（源自德国）等。西方的菜品命名方式较为单调，缺乏艺术性与创意性，但具有一定的实用性，人们可以根据菜名直接对菜品的原料、制作方法进行判断。

此外，一些西方菜肴的名称也蕴含文化意义，如西方圣诞节中的必备食物“火鸡”。“火鸡”名称的由来是：当时英国人在迁徙途中抵达了北美的新大陆，在那里人们遭受了严寒、饥饿等各种困难。正当人们饥寒交迫之际，一群火鸡出现在人们面前。这群火鸡拯救了英国人民，使他们获得新生。因此，“火鸡”被视为上帝的礼物，成为西方人感恩节必备的重要食物。

（2）中国菜肴名称。中国人在为菜品命名时，大多会选用著名的历史事件或人物作为标志，中国菜肴的名称往往蕴含着丰富寓意。当然，也有一部分菜肴是以食材原料来命名的。中国菜肴的命名方式多样，主要可分为写实性命名法与写意性命名法。

1）写实性命名法。写实性命名法即直接依据菜品的发源地、创始人、食材、烹饪方式等进行命名。这种菜品命名方式较为简单直接，能够直观地展现菜品的特色，是运用较广的命名方法之一。

第一种，以人名和地名开头的菜名在中国菜肴中极为常见，人们往往能依据菜名，推测出该菜肴的创始人或发源地。例如，北京烤鸭（可推测出该菜肴产于北京）、东坡肉（可推测出这道菜的创始人是苏东坡）。

第二种，采用“烹调法+主料名”方法命名的菜肴数量众多。例如，烧鸡（烧+鸡）、炸虾球（炸+虾球）、煎鸡蛋（煎+鸡蛋）等。

第三种，运用形、色、味来命名的菜肴同样不少。例如，灯影牛肉等。

第四种，部分菜肴以吉祥语命名。此类菜名读起来悦耳，然而，其中寓意吉祥之词，实则指代菜肴的某种原料。例如，翡翠羹（“翡翠”指代“青菜”）、芙蓉燕窝（“芙蓉”指代“蛋清”）等。

2）写意性命名法。写意性命名法是指按照菜品本身所蕴含的深意进行命名。通常，仅有具备特定文化历史内涵的菜品，才会运用写意法来命名。例如“佛跳墙”，据说这道菜得名的缘由是：一次，一道菜的香味飘至附近一座庙宇，平日里清心寡欲的修行僧人，都被这美味所吸引，情不自禁地翻墙而出，去品尝这道美味佳肴，故而这道菜被称作“佛跳墙”。

二、英汉饮食文化的翻译

中国菜肴的命名方式多种多样，有的浪漫，有的写实，部分菜名已成为令人赏心悦目的艺术品。因此，在进行菜名翻译时，需具体问题具体分析，灵活运用多种翻译方法，概括来说包括以下几种方法：

（一）直译法

以写实方法命名的菜肴，直接体现了菜肴的主料、配料、调料以及制作方法等信息。在翻译这类菜名时，可采取直译的方法。

1. 烹调法+主料名

例如：

清蒸鳜鱼　Steamed mandarin fish

脆皮锅酥肉　Deep fried pork slices

涮羊肉　Instant-boiled mutton

2. 烹调法+主料名+with/in+配料名

例如：

荷叶粉蒸鸡　Steamed chicken in lotus leaf packets

冬笋炒鱿鱼　Fried squid with fresh bamboo shoots

杏仁炒虾仁　Fried shrimps with almonds

3. 烹调法（加工法）+主料名+with/in+调料名

例如：

红烧狮子头　Stewed minced pork balls with brown sauce

雪菜炒冬笋　Fried cabbage with fresh bamboo shoots

4. 烹调法（加工法）+主料名+and+主料名

例如：

凤肝虾仁　Fired shelled shrimps and chicken liver

虾仁扒豆腐　Stewed shelled shrimps and bean curd

（二）意译法

以写意法命名的菜肴，常常为迎合食客心理，取一个既悦耳又吉利的名字。这个名字将烹调方式、原料特点、造型外观等进行了归纳，因此食客很难从名字中了解该菜肴的原料与制作方法。在翻译这类菜名时，为准确传达其内涵，应采取意译法。例如：

龙凤会　Stewed snake and chicken

蚂蚁上树　Sauteed vermicelli with minced pork

（三）直译+解释法

中国的许多菜名具有丰富的历史韵味与民俗情趣，有着独特的来历和典故，展现出深厚的文化意蕴[①]。具体而言，有的菜名与地名相关，有的与某个历史人物相关，还有的则源自故事、传说或典故。为了准确传递这些菜名的文化内涵，译者在进行翻译时应以直译法为主，必要时还可进行适当解释。例如：

叫花鸡　Beggar's chicken

西湖醋鱼　West Lake vinegar fish

北京烤鸭　Beijing roast duck

① 陈学斌．文史趣思（贰）［M］．上海：复旦大学出版社，2022：75．

参考文献

［1］晁静．基于新媒体的美术教育教学研究［M］．长春：吉林美术出版社，2018.

［2］陈学斌．文史趣思（贰）［M］．上海：复旦大学出版社，2022.

［3］代丽英．新媒体环境下的大学英语翻译教学实践［J］．教育观察，2020，9（2）：24-36.

［4］范洁．多元文化碰撞下的英汉对比及翻译问题研究［M］．长春：吉林大学出版社，2020.

［5］顾维勇．商务文体翻译［M］．武汉：武汉大学出版社，2019.

［6］郭婷．基于任务型教学的高职英语写作教学模式探究［J］．海外英语，2023（19）：76-78.

［7］郭文琦．基于跨文化交际视角下英语翻译技巧与方法研究［M］．北京：北京工业大学出版社，2019.

［8］韩玉龙．美人怜［M］．西安：太白文艺出版社，2020.

［9］胡蝶．跨文化交际下的英汉翻译研究［M］．长春：东北师范大学出版社，2018.

[10] 胡维．生态翻译学的理论与实践研究［M］．长春：吉林摄影出版社，2021.

[11] 黄丹丹，王娟．翻译能力的构成以及培养研究［M］．西安：西北工业大学出版社，2021.

[12] 解碧琰，谭业升．翻译认知过程研究［M］．北京：外语教学与研究出版社，2020.

[13] 李长栓．非文学翻译理论与实践：理解、表达、变通（上下册）［M］．北京：中译出版社，2022.

[14] 李高新．计算机辅助翻译理论与实践［M］．湘潭：湘潭大学出版社，2021.

[15] 李明豪．英语专业翻译教学中培养跨文化交际能力的教育现状及策略［J］．山西青年，2024（1）：132-134.

[16] 李雯，吴丹，付瑶．跨文化视阈中的英汉翻译研究［M］．长沙：湖南师范大学出版社，2018.

[17] 李学美．任务型教学法融入英语翻译教学中的应用分析［J］．新教育时代电子杂志（教师版），2022（6）：48.

[18] 梁科．花团锦绣：故宫后妃衬衣藏品赏析［M］．北京：中国轻工业出版社，2023.

[19] 刘惠玲，赵山，赵翊华．跨文化英语翻译的理论与实践应用研究［M］．延吉：延边大学出版社，2022.

[20] 刘鹏．国际经贸西班牙语实务［M］．北京：旅游教育出版社，2019.

[21] 刘志成．语言学视野下中西饮食文化对比研究及启示［J］．青海社会科学，2019（4）：199-204.

[22] 欧敏鸿．跨文化视域下英语翻译的解读［M］．天津：天津科学技术出版社，2021.

[23] 阮榕榕．中外文化翻译教学与实践研究［M］．长春：吉林人民出版社，2019.

[24] 苏涛．翻译与传播［M］．合肥：中国科学技术大学出版社，2022.

[25] 孙宇．新媒体语境下的大学英语翻译教学研究［J］．科技资讯，2020，18（1）：118-124.

[26] 田宏标．英语翻译教学中学生跨文化意识的培养［J］．开封教育学院学报，2018，38（9）：90-91.

[27] 王翠，朱凌奕，苑广滨．英语语言学理论与教学实践［M］．长春：吉林人民出版社，2021.

[28] 王江安．中西文化差异下大学英语教学中英美文学作品翻译［J］．福建茶叶，2020，42（3）：388-389.

[29] 王静．跨文化视角下的英语翻译理论与实践探究［M］．长春：吉林人民出版社，2018.

[30] 王葵．商务口译：思维、实践与教学［M］．北京：中国商务出版社，2022.

[31] 王燕．文化转向视角下的英汉翻译问题再审视［M］．长春：吉林大学出版社，2020.

[32] 王银平．英汉植物隐喻的普遍性与文化差异性［J］．陕西广播电视大学学报，2021，23（1）：52-56.

[33] 吴冰．翻译学导论［M］．合肥：中国科学技术大学出版社，2022.

[34] 吴静，张薇. 混合式学习下应用型口译人才培养模式研究 [M]. 北京：研究出版社，2022.

[35] 徐林. 一本书学会好句好段 [M]. 北京：华语教学出版社，2019.

[36] 杨芊. 跨文化视野下的英汉比较与翻译研究 [M]. 长春：吉林人民出版社，2020.

[37] 杨芊. 英汉语言对比与中西文化差异探索 [M]. 青岛：中国海洋大学出版社，2019.

[38] 岳淑娴. 隐喻视角下汉英饮食词汇对比探究 [J]. 文化学刊，2022 (1)：32-43.

[39] 曾宇钧. 基于英汉语言文化对比的翻译研究 [M]. 北京：中国原子能出版社，2021.

[40] 张华容. 高校英语翻译“SPOC+实体课堂”混合式教学研究 [J]. 金华职业技术学院学报，2021，21 (4)：72-76.

[41] 张娇，尤莉. 英汉动物名词比较与翻译 [J]. 西部皮革，2020，42 (6)：151-152.

[42] 赵媛媛，刘艳茹. 英语翻译中的文化适应性提升策略探析 [J]. 文化创新比较研究，2022，6 (20)：36-39.

[43] 朱静. 基于语言与文化对比的英汉翻译研究 [M]. 长春：吉林大学出版社，2021.

[44] 朱丽丽. 英汉文化差异视角下的动物文化及其翻译 [J]. 文化创新比较研究，2021，5 (31)：155-158.

[45] 邹娜，刘建华. 铁路机车专业英语学习指南 [M]. 北京：中国铁道出版社，2020.